Best Time

白 马 时 光

爱情基因

如何让爱不伤人

LOVE GENE

陆琪——著

百花洲文艺出版社
BAIHUAZHOU LITERATURE AND ART PRESS

图书在版编目（CIP）数据

爱情基因：如何让爱不伤人 / 陆琪著 . — 南昌：
百花洲文艺出版社，2022.2
ISBN 978-7-5500-4603-0

Ⅰ . ①爱… Ⅱ . ①陆… Ⅲ . ①爱情－通俗读物 Ⅳ .
① C913.1-49

中国版本图书馆 CIP 数据核字（2021）第 281542 号

爱情基因：如何让爱不伤人
AIQING JIYIN:RUHE RANG AI BU SHANGREN
陆琪　著

出 版 人	章华荣
出 品 人	李国靖
特约监制	何亚娟
责任编辑	黄文尹
特约策划	朱　敬
特约编辑	西　离　夏　墨
封面绘图	瓜田李下 Design
封面设计	璞茜设计 2815932450@qq.com
版式设计	童　磊
出版发行	百花洲文艺出版社
社　　址	南昌市红谷滩区世贸路 898 号博能中心 I 期 A 座 20 楼
邮　　编	330038
经　　销	全国新华书店
印　　刷	三河市兴博印务有限公司
开　　本	787mm × 1092mm　1/32
印　　张	8
字　　数	170 千字
版　　次	2022 年 2 月第 1 版
印　　次	2022 年 2 月第 1 次印刷
书　　号	ISBN 978-7-5500-4603-0
定　　价	49.80 元

赣版权登字：05-2022-1

发行电话　0791-86895108　　　网　址　http://www.bhzwy.com
图书若有印装错误，影响阅读，可向承印厂联系调换。

序

Preface

几年前，一次很偶然的机会，在一场“抑郁症”主题的访谈节目中结识了陆琪先生，之前就听说他在爱情和婚姻的研究方面很有影响力。在这次访谈中，他的提问让我认识到他对心理学也有特有的旁观者的见解和敏锐性，第一次合作非常愉快！

在之后的一年里，我经常在门诊接诊许多远道而来的抑郁症患者，他们说是看了陆琪先生和我的“抑郁症”访谈节目，“慕名”而来求治，有些人甚至希望通过节目中提到的方法来治疗自己的抑郁症，最终大多数人经过治疗成功康复了。

我从事精神医学二十余载，深切感到心理问题对人的破坏性，不仅影响个人，还会影响家庭、同事、朋友和整个社会。作为一名医师，不仅仅是坐在医院门诊救治患者，扮演“消防员”灭火的角色，还需要走出医院，更多地去宣传和科普，做大众的健康，做大众的保健，让更多人享受生活、享受快乐！

也正是出于这样的初心，陆琪先生提出希望我给他的新书写序。我觉得这是一个走出医院做医疗前端（预防）的最好尝试，也就勉力而为。在这本书中，我们可以看到陆琪先生近十年对众多婚姻情感案例的总结，他另辟蹊径，找到女性情感问题的共性，围绕“恋爱和婚姻”的永恒主题，在自由选择的基础上，人和人之间情感连接的建立和维护，变成了一个难解的题目。陆琪先生提出的情感模式，试图从另一个角度，探讨人们情感选择和情感沟通的原因。

陆琪试图建立从原生家庭到婚姻情感之间的连接。中国是一个重感情的国度，中华民族是重家庭情感的民族，所以家庭的建立、亲密关系的建立，对于我们每个人来说都至关重要。而这种重要性，反而带来很多执念，以至于黏稠、凝滞的关系屡见不鲜。这种关系，究竟是在情感连接的过程中产生的，还是从原生家庭里带来的，陆琪给出了一系列的答案。

他在近十年的研究里，曾花两年时间，跑了六个城市，去做“失恋互助小组”。大量因为恋爱、婚姻失败而导致抑郁或者其他精神障碍的女性，倾诉了大量内心的苦闷。很多精神类的障碍，都不是孤立地从某个事件直接产生，而是在原生家庭里就埋下种子，在一次次的亲密关系问题中得到养分，最后在某个时间点爆发。所以从人和人之间、人和家庭之间的角度去研究这样的种子到底是什么，对于我们缓解现代都市人的情绪、心理问题，具有现实意义。

人是情感动物，也是能适应环境的动物。陆琪在这本书里提出，每个人都因为亲密关系里的创伤，而不断被动地进行情感模式的矫正，最后形成了每个人独有的情感模式的表达。这把每个人对于情感的态度、接受能力、脱离能力，都做了一个可以变化和成长的系统。这在某种角度上来看，是一种更易于被接受的观测视角。

这本书，也是一面镜子，很多人从中可以找到自己的影子，帮助我们更好地解决情感问题，让自己和大自然、他人及社会更好地相容，学会控制情绪、学会直面人生，最终可以让自己实现自我发展，我想这也是陆琪先生撰写本书的心愿！

希望本书可以成为您的知心朋友，帮助您解开困惑与迷茫！

胡少华
浙江大学精神病学教授、主任医师、博士生导师、浙大一院精神卫生科主任

自序

Preface

我做了十二年的情感研究。

直到今天，我都还记得第一次收到读者发来的求助信。

求助者是个尚不到十九岁的女孩，已经为男朋友堕胎好几次，她最后一次怀孕去医院时，是被男朋友的母亲带去的。

医生说，如果再堕胎，很可能以后都怀不上孩子了。男朋友的母亲听完这句话，立刻就带着儿子离开了，边走边说，自己家可不能要这种怀不了孕的媳妇。

那女孩哭着给我写信，问我该怎么办。

有人问，你是一个男人，为什么要去研究爱情？其实就是源于这封信。

我当时在回信里，问了她很多问题。

你为什么会爱上这样没责任感的男人？这么小的年纪，为什么要住到男生家里去？难道你不知道对方父母是怎样的人吗？难道你不知道要保护自己吗？

我问得义正词严、理直气壮，但很快就发现，这类提问是全然无效的。

因为她的回信只有一行字："老师，我也控制不了自己呀。"

爱情到底是什么呢？

文艺点儿来说，爱情是两个灵魂之间的双向奔赴。但这句话除了麻痹人的精神，在出现问题后却起不到半点儿作用。

传统点儿来说，爱情是两个人准备组成抵御社会最小的风险结构——"家庭"，而进行的相互筛选。

从大认知的科学角度来说，爱情是一系列神经递质的作用，是正向情绪和负向情绪的相互组合。

而前几年，我在讲雷蒙德·卡佛的《当我们谈论爱情时我们在谈论什么》时更是直截了当地说，爱情是一种病，是一种我们无法自控的病症。

如果以五四运动的爆发年为中国个体自由恋爱主流化元年，那么人们在感情上的自由选择，到现在已经有一百多年。

可我们的自由选择，真的是实质上的自由选择吗？我们选择的是让自己幸福的生活，还是让自己获得短期的情绪平复？

从去年开始，我每天做情感在线咨询，试图平复更多人因为情感波折而带来的痛苦。而汹涌而来的电话，让我和团队措手不及。

我们可以轻而易举地选出一百例爱上了错的人，他们却强行要挽回的案例。

我们可以轻而易举地选出一百例因亲人的影响，而随意接受结婚对象的案例。

我们也可以轻而易举地选出一百例在婚姻里被情感施虐甚至被家暴，他们却不敢离婚的案例。

这些都可以结集成一本《现代失败爱情三百例》。

如果阅读这本书，你会发觉，推演最近几十年，我们在感情上遇到的问题，并没有太多改变。

母亲曾经被家暴，女儿不敢离婚。父亲离家出走，最后子女依然会找个渣女、渣男。

可见虽然每个时代都有自己不同的爱情观念，但每个时代都有相同的情感问题。

这里面，一定有某些核心规律，贯穿在一代代中国人的婚姻家庭里面，使得同样的情感问题传递下来。

找到这种存在于中国家庭里的情感规律，是我这十几年的主要工作。

每个时代都有自己做研究的方法。

最初几年，我用累积案例的方法，在情感领域里做了大量细节化的工作。不同的情感关系之下，不同的人物画像以及不同的应对方法，已经把技术化的工作做得很详细。

从 2016 年开始，我带着团队开始不断研读大认知科学的最新论文。我们决心从认知神经科学和认知心理学的角度来做情感领域的应用。我们也是国内第一个这样做的团队，于是才有了算爱社以及数以百计的课程。

在这个阶段，我初步形成了“情感模式”的理论，也就是每个人在日常生活里和在情感连接里，拥有截然不同的性格和人际交互模式。并且，我列出了“享受型”“自虐型”“掌控型”“取悦型”四种不同情感模式。

这四种情感模式在情感问题上的适用性，在这几年被大众广泛认可。于是我们开始研究不同情感模式之间的选择问题、矫正问题以及痛苦脱离模式。

但在新的研究过程中，问题再度出现了。

近十几年来，整个大认知科学取得了巨大的发展，这也是我们做研究的理论基础。

但我们发觉，近几年尤其是认知心理学以及心理治疗领域，都是由西方社会的专业人士主导的，而他们常年研究的案例，也都是西方文化系统下的家庭。不管是对原生家庭的研究、对婚姻状况的研究、对亲密关系的研究，都是如此。

当我们利用这些理论来应对中国式的案例时，却发觉存在很多的问题。

很快，我们明白这些层出不穷的问题是由两种不同文化系统相互碰撞所引起的。

西方世界是基于逻辑理性的哲科系统，以个体为重，家庭与个体之间的尺度非常明确，核心家庭与亲人族群之间的关系也很清晰。

所以在西方世界中，个体与个体之间的关系，个体与父母之间的关系，个体之间的亲密关系、婚姻关系，都有着基本界限。

但在中国的文化系统之下，这种界限就变得很模糊。

这是因为我们的文化系统，是一种情感文化，是基于伦理和族群的文化。这种文化给我们每个人带来了强大的安全感，但同时，也让人和人之间的边界变得不明朗。

打个比方来说，有个姑娘说，她是强烈的“恋爱脑”，只要爱上一个人，就会义无反顾地对人好，不仅会完全信任对方，而且还听不进别人的劝告。结果呢，就是她一而再，再而三地被人骗财骗色。

最后，这个姑娘把问题归咎于世界上的渣男太多，认为自己是“渣男吸尘器”。但她却不明白，为什么别人都能谈好恋爱，渣男却只找自己呢？

如果从亲密关系理论来看，我们可能会认为这个姑娘的激情和承诺过多，以致在亲密关系里，将情感对象过度理想化了。

这段话从理论上来说，完全正确，但在实际应用里，并没有丝毫作用。我们除了能教导姑娘冷静理性，什么都做不了。因为我们说不清“恋爱脑”出现的真正源头，也做不出行之有效的矫正方案。

但如果将其代入我们的文化系统，一切都会变得很明了。

实质上，这个姑娘一直“恋爱脑”而无法逆转，是和她的原生家庭以及她一直以来的情感经历有关的。

她身处在我们中国人所认为的一种“最好”的原生家庭里，那就是父母无比宠爱，从小被周围的人宠着、捧着，亲戚朋友都把她当小公主看。任何事情都帮她处理好，从来不让她受任何挫折。

父母把全部的爱都倾注在这个女儿身上，让她感觉到，爱就是付出一切。于是她学会的爱，就只有一种，那就是“付出一切”。

在未来的情感生活里，这种“付出一切”的爱，成为她定义爱情的标准，于是在交友或其他人际交往中，她形成了一套自己的情感模式。

这种情感模式来自原生家庭，也来自之后亲密关系的不断矫正。而追根溯源，是来自父母和亲族那种“付出一切”的爱。

这是我们中国的家庭文化，在我们的家庭里面，经常有一种黏稠的爱。我们习惯性地认为这种黏稠的爱是至高无上的，但最后带给孩子的，却是错误的对于爱的定义。

大人过度的爱，导致了孩子对爱的认识全盘错误。

以上只是一个很简单的例子，而事实上，在我们的文化系统里面，这种独有的爱的模式，除了不顾一切的爱，还有各种各样的情感忽视、情感暴力、情感勒索等。

以爱的名义来行不爱的事情，以黏稠的锁链式的家庭结构，来干扰每个人的自由选择，这种案例比比皆是，而这也是我们中国人情感模式的形成基础。

所以这几年，我带着团队开始从中国式原生家庭入手，进行研究。

这是我们一个重大的研究方向的转变。我们从以西方专家主导的大认知科学的应用，转向了中国文化背景下的原生家庭研究。

我们试图从我们的文化里找出不同情感问题的继承问题、穿透问题和连锁反应问题。

大家需要注意的是，我们从不认为西方文化系统是优于我们的。事实上，他们的文化系统也存在巨大问题，也会导致很大的社会问题。

而东方式的家庭，带给我们强烈的温暖感和安全感。我们时常渴望安全，是因为我们习惯了安全或者在别人的生活里看到了安全。我们认为付出一切的爱才是真爱，是因为我们感受过这种爱，或者认同这种爱是主流模式。

这些，是我们的蜜糖。

我们的团队在坚信中国文化优势的同时，在其基础上进行了个体和情感的研究，于是就有了这本书。

这本书，我认为是“情感模式理论”的迭代版本，我称之为“情感模式 2.0”。

希望每一位读者都能通过这本书来认清自己。因为只有认清自己，才能好好爱人。

目　录

Contents

目　录

Contents

应该怎样阅读这本书

每个人的故事都是不同的，但每个人的故事也都是相同的。

譬如谈恋爱，无非四种结果：

1. 成功甜蜜

2. 分手

3. 吵架维持

4. 平淡维持

譬如婚姻，也同样是这四种结果：

1. 幸福生活

2. 离婚

3. 吵架维持

4. 平淡维持

这些结果说起来很简单，可是拿我们经历过的几千个案例做对比的话，可以说千变万化，各有不同。

光分手这件事情，有撕打分手的，有出轨分手的，有冷暴力分手的，有被迫分手的，有误会分手的，有一个想挽回、一个想分手的，有用法律手段分手的，有突然消失的，有恶意欺骗的……

我们做研究的时候，如果把每个细节都另立一案，就会陷入繁复驳杂的琐事之中。所以我们往往只会寻求最大的相同处，而忽略细枝末节的不同。

这不是因为细枝末节不重要，事实上，细枝末节带给人的正向情绪或者负向情绪会更甚。而普通人在感觉这种痛苦时，也会纠结于细节，而不愿意认同真正的判断。

打个比方说，我们的案例中曾有个姑娘，多次被男朋友殴打。最严重时，男人会用脚踹她的肚子，并且重力扼住她的脖子，拼尽全力想要让姑娘窒息。

在这种情况下，姑娘依然不愿意分手，并认为这个男人非常爱她，男人失控是因为她平时爱抬杠。

我们知道，当严重的家庭暴力发生时，受害人根本不可能是遇到了真爱，这是由一种占有欲和极端性格导致的，只是用过于爱来包装而已。

但姑娘的坚信却是因为一个细节：男人会为她洗脚。

用她的话来说，一个男人都愿意为女人洗脚了，如果这都不算爱，那什么是爱呢？

从某种情境来说，姑娘说的话会让人觉得有道理。可如果再把严重暴力或者其他辱骂的情境加上，这种“道理”就显得可笑了。

我们在做情感研究时，发现“执迷”于细节，是最常见的情感错误。

如果我们把爱与不爱的判断，放在那些让你“情绪敏感”的细节上时，那么误判几乎是一定的。

所以在看这本书时，需要注意的是，我们所提到的案例，都是曾经或者现在，出现在我们的案例库中的。这些案例大体上必然与你有相似的地方，而细节上却也必然有相左的地方。

不要因为有几个地方相似，就认为那就是自己。

也不要因为几个地方不同，就认为自己不是那样的。

我们要看的，是大体的情感波动方式，是你的情绪产生方式，是你的情感连接方式。只有那些本质的东西相同，我们研究和最终讲述的才是你。

看小说时，大家都会把自己代入。在看这本书时，你们也会把自己代入。

请忽略细枝末节的不同，将自己代入到相似的境况和感受中。

最后，我们会通过许多案例，来帮助你学会情感模式，并认清你的情感模式。

Chapter 1

爱情基因决定情感关系的走向

当我们相爱时，爱上的其实是对方展现出来的“社会人”的性格。但随着感情逐渐加深，我们的外壳被一层层地打开，最终把内在的人格暴露出来。

性格决定命运，什么决定感情

一个人的感情顺利与否，婚姻是否完美，和外力的推动虽然有联系，但它并不会起到核心作用。

那和自身条件有关吗？外貌、学历、职业，这些硬条件看上去有用，但其实更没有必然性。好看的女孩被渣，高端白领被嫌弃，温柔的姑娘被欺负，这种情况比比皆是。

所以说到底，我们都会说“性格决定命运”。

性格决定命运？性格决定爱情和婚姻吗？

这句话准确，但并不精确。

虽然我们总说“江山易改，本性难移”，但我们的性格，难道真是一成不变的吗？

打比方说，在单位里你和同事相处时，你可能是个性格温和、情商很高的人。

可回到家里，父母只是絮叨了你两句，你就开始不耐烦，像个随时会爆炸的火药桶。

而若是在男朋友或老公面前，明明很小的事情，又会触发你的敏感神经。在家人看来，你竟是又事多又暴躁。

如果说“江山易改，本性难移”的话，那同一个人在同一天里，在面对不同的人时，为什么会呈现出截然相反的性格呢？

我们拿数以千计的案例做样本一一分析时，发现了一个令人吃惊的真相。

原来我们每个人的性格都不止一种！

原来在面对不同的情感连接时，我们的性格是不同的！

原来越是爱得深，性格就越会变得不同！

也就是说，你平时是个什么性格的人，和你在爱情中是个什么性格的人，很可能会截然不同。

那么我们在分析自己能不能谈好恋爱，能不能进入美好的婚姻时，就不能只是观察自己平时的性格，而需要关注的是，在情感连接之下，自己究竟是哪种人。

针对这个发现，我们花了几年时间来做研究。

人类有成千上万种性格，但这个世界努力地把我们训练成相似的类型——**一种“社会人”**，这类人更和善，更容易相处，更努力，更愿意忍耐，等等。

当我们相爱时，爱上的其实是对方展现出来的“社会人”的性格。但随着感情逐渐加深，我们的外壳被一层层地剥去，最终把内在的人格暴露出来。

在社会的层层打磨之下，真正的内在性格，已经不再会被人轻易看到，只有自己最亲近的、有情感连接的人才能看到。

所以，**当你有了爱情之后，你就会变成另一个人！**

那个人才是原本的你，但却并不一定是最好的你。因为最好是一种社会评价，而原来的自我，是在内心需求和欲望下生长出来的。

从动力心理论角度解释：那个社会人，就是你的“自我”，是在“超我”的限制之下，受意识主控而生。这部分是别人眼里的你，也负责处理你大部分的社会事务。

而情感连接之下的你，更多出现的是“本我”，在欲望和需求的推动下，在情绪的包围之下，做出与平时不同的动作。这也是那么多年来，相亲节目、情感调解节目经久不衰的原因。因为许多人平时温和，甚至有时虚伪，只有和感情相关时，才会把那个真实的自己掏出来，这样的节目才显得真实而好看。

这种只有在情感连接时才会出现的“自我”，在近几年的研究里，我们把它认定为藏在人类内心的**爱情基因**。

我们称之为**情感模式**。

它是你在建立情感关系时性格的特殊形态。

情感模式决定了你的爱情状态、婚姻预期，以及在恋爱时愉悦感的建立方式。

说得直白一点儿，你会喜欢什么人，会被什么人伤害，什么事情会让你开心，什么事情会让你痛苦，这些都不由你的表层性格决定，而是由你的情感模式决定。

譬如当一个男生对你说“我爱你”时，享受型情感模式的人可能会觉得开心快乐；而自虐型情感模式的人，反而会警惕，甚至产生抗拒。

同样的情况下，爱情感受会截然相反，就是因为每个人的情感模式是不同的。

当你了解自己是什么情感模式后，就会知道什么人将吸引你。

当你了解自己是什么情感模式后，就会知道什么人适合你。

当你了解自己是什么情感模式后，就会知道为什么你在一段情感关系里一定会痛苦。

当你了解自己是什么情感模式后，就会知道怎样才能爱得幸福。

很多人不懂爱，不懂怎么去爱，也不知怎么接受爱。

没关系，跟着我们，了解你自己的情感模式。

看清自己，也就看懂了你的爱情。

那么，这种情感模式，是如何形成的呢？

是什么让我们的内心，有了另一个小小的自我

在研究情感模式时，我经常会用“小小的自我”来形容。因为我们的情感模式和外在性格差距之大，是让人震惊的。

我们经常说自己是戴着面具做人的，这个面具并非生来就有，而是这个世界通过一次次的磨砺给我们戴上的，也就形成了我们的社会形态。

时间渐长后，我们的社会形态被人们广泛评价。有时候是通过事业奖励，有时候是人们的口头评论，以致我们慢慢承认，这才是“我”的定位。

举一个典型的案例。

大美是个典型的“女王”性格。

在事业上，她非常强势，在自己的工作里说一不二，和工作伙伴在一起时，也总能掌握主动权。

正常来看，大美这么强势的一个人，她找对象是不是应该找那些在生活中和事业上，可能会对她言听计从的小男生，这样她在家中也会保持着“女王”的状态。

但事实正好相反，大美谈了三次恋爱，每次找的恋爱对象都是比她大很多岁的大叔型，因为她总是迷恋着各种成熟的男人。

由于大美的条件很好，她中意的男人刚开始时都是热烈地追求大美，努力地取悦她。正当大美和她的朋友们庆幸大美终于找到一个好男人时，事情却朝着另一个方向发展。

大美开始费尽心思地去讨好那个男人，满脑子都是恋爱，甚至连工作都没了心思，整天琢磨着在家做家务，怎么让男人更高兴，让男人觉得她贤惠。

而相应的，那个男人也慢慢被宠得骄纵了，对大美的关心越来越少，体贴也越来越少。慢慢地，他觉得大美对他一切的好都是理所当然的。

每一次大美的恋爱都滑向同一个结果。大美变得越来越卑微，拼命地付出一切，祈求男人能给自己一丁点儿的关怀。

而男人则肆无忌惮地掠夺着大美的资源，折磨着大美的情绪。就在这种情况下，男人还时不时地提出分手，大美却一直舍不得，苦苦地哀求男人留下。

朋友们特别奇怪，大美在正常生活里明明是个“女王”，强势起来连上司都害怕，而谈恋爱之初也很正常，怎么就越来越卑微，越来越不可控地去讨好别人呢？

这其实就是我们前面所提到的，人的日常性格和在情感连接之下的“情感模式”的差异。

大美的情感模式就是取悦型情感模式。

这种情感模式的表现是一个人无论日常工作生活中如何强势独立，一旦恋爱就像换了一个人似的讨好对方，取悦对方。

这是为什么呢？为什么我们的内心里又会住着另一个小小的自我，以致每次试图去建立情感连接时，这个小小的自我都会钻出来，占据你全部的心呢？

这当然和原生家庭有密切关系。

究其缘由，我们会发现，大美出生于一个单亲家庭，幼年时父亲去世，是母亲将她一手抚养大。在这种环境中，大美受母亲日常形象的强烈影响，并将其作为自己的人生行为评价标准。

对大美来说，强势、努力、不服输，是对一个女性的最高评价。在日常生活里，她的社会人格也自然而然地如此设定。

但在情感连接上，因为父亲角色的缺失，大美会有一定程度的“情感忽视”，这让大美从小就极度渴望父爱。

所以在不知不觉中，她会不断祈求获得更多成熟男性的关爱，为了得到这种关爱，她可以付出很大的代价，甚至放弃自己的社会人格。

那么当她付出越多的时候，男性一方受到的宠爱越多。对于宠爱，教育学家在长期研究中发现，其实过多的宠爱并不会让人感恩，相反会引发对方心中的自私和骄纵。

而男性的自私骄纵越多，就让大美越是感觉自己快要失去这段爱。她对于“情感忽视”的恐慌，让她难以自抑地想要通过更多的付出、加倍的取悦来挽留这段感情。

在多次的情感关系中，这个过程在不断重演，最后形成了大美的“取悦型情感模式”。

原生家庭对我们的影响是如何造成的呢？

是通过我们的欲望，让我们变得渴求某种东西，譬如渴望被爱，渴望安全感。

也会通过我们的恐惧，让我们变得被动，害怕建立情感连接，害怕任何亲密关系。

原生家庭不仅让我们形成了原生性格，而且也让我们隐藏着自己内心的那个小小的自我，蛰伏着不动声色，却掌握着情感连接的力量，变成我们的爱情基因。

明知道不对，但我就是控制不了

在做情感模式的研究之前，经常有人会问：其实我什么都懂，就是当时忍不住。

是不是冥冥之中真的有一种力量，会左右我们的选择，甚至让我们做出与需求截然相反的动作？

安迪是个典型的南方女孩，说话软软糯糯，一看就是温柔可人的类型。

她谈过的几个男朋友，最终都分手得很痛苦，没有谁出轨，也没有谁对不起谁，这些男人起初甚至都积极主动地想要买房和她结婚。

安迪谈了近三年的一个男朋友，是她谈得最长的一个男朋友。男人条件很不错，本地人，工作也稳定。谈恋爱的第一年春节，他就带安迪见了爸妈。未来公婆很喜欢娇小温柔的安迪，觉得儿子可算是找到好对象了。

又过了半年，男人开始紧锣密鼓地装修婚房，眼见着就要在年内求婚了。可这时候，男人父母发现儿子的脸上总是有红肿的印迹。问他，他只说是健身锻炼撞的。

可哪有人健身天天受伤的，他脸上的红肿其实是安迪动手留下的。

安迪看着很柔弱，说话也柔柔的，其实这都是平时面对别人时展现的形象。而几乎在所有恋爱中，她的脾气都差到爆，并且有非常强烈的掌控欲。

刚开始，男人以为姑娘因为爱他，理所当然管得多一些，所以对于随时随地报行踪，手机、微信全公开都坦然接受。

时间长了，安迪还会让他删除手机里的女性联络人，甚至连公司女同事都删了不少。

最让他感觉不对的是，有一次和朋友们吃饭，忘了跟她汇报，因为喝醉酒又没有及时接安迪的电话，安迪竟然通过手机定位找上门来，差点儿掀了桌子。

男人觉得在朋友面前失了面子，就吼了安迪几句，这下算捅了马蜂窝了，安迪万分坚定地要分手，当天晚上就收拾完了行李，准备搬走。

男人酒醒后痛悔不及，跪着求安迪原谅，最后安迪抽了他几个耳光后，才算消气。

从此，揭开了安迪动手的序幕。男人发现，安迪的性格完全不像外表一样柔弱，相反很强势，管控欲极强的她简直像恶魔一样。

男人的穿着打扮，必须由安迪管；男人的日常外出，安迪必须时时定位；男人的消费，安迪会收到短信；到最后，男人被管到胖了一斤都会挨揍的地步。

男人有次向安迪的朋友哭诉，说自己有次约会迟到了十分钟，就被安迪摁在人行道旁的绿化带上摩擦。

安迪的朋友根本不相信，因为在大家眼里，安迪就是个人畜无害的小洋娃娃，怎么可能动手，就算动手，又怎么可能是男人的对手呢。

男人的异样被自己的父母发现后，刚开始二老也是不信，但毕竟儿子身上的伤是不会说谎的，再看到安迪一次次在饭桌上瞪儿子，在桌子下掐儿子，二老终于忍不住干预，要儿子立刻分手。

男人也确实忍不下去了，于是提了分手。分手没多久，安迪找到男人道歉，也觉得自己做得太过分了，承诺以后绝对不动手，也绝对不再那么暴躁了。

两个人复合了一阵子后，安迪虽然努力控制，但还是忍不住自己时刻沸腾的情绪，最后竟当着男人父母的面，把他的手机砸了。

这次分手，让两个人都痛苦不堪。

通过安迪讲述了自己所有的情感经历，我们发现安迪是个极度没有安全感，时时刻刻都想要从男朋友身上寻找安全感的人。所以不管发生什么事情，都会让她觉得身边的男人要背叛了，要出轨了。

安迪的方法是严厉的管控，不让男人有一丁点儿背叛的机会和可能。

管控，当然是很多人处理男女关系的一个方法，但为什么会有摔东西、吵架，甚至是动手的情况呢？

安迪说，她也知道甩人耳光不好，也知道一点儿小事就抓住不放非要吵架不好，可她就是忍不住。有时候情绪就像是沸腾的水一样，哗的一下就滚了起来，完全控制不住。

“我控制不住自己的情绪！我也没办法！”

在出现问题时，很多女性都会像安迪一样这么说。

而这就是我们在本书中会讨论的一种典型的情感模式：**掌控型情感模式**。

在外界的印象中，安迪明明不是一个很暴躁、很粗鲁的姑娘，这一点，她的朋友和同事都可以证明，但她对男朋友，为什么会变成这样呢？是她平时伪装得好，还是本就是狼人性格，到一定时候，心里的小野兽就会冒出来呢？

其实你有没有发现，我们和爱人的沟通方式是一种截然不同于对外界的方法，而这种双标沟通方式，我们从来没有在学校学习过，那它又是从哪里来的呢？

大部分女孩和爱人的沟通方式，其实都是从其原生家庭习得的。说得更直白一点儿，她们往往会不自觉地去学习自己的母亲与父亲的沟通方式。

我仔细询问了安迪原生家庭的情况。

在安迪很小的时候，父母因工作原因，没办法带她，把她丢在外婆家，一直到她十二岁左右。

在外婆家住的时候，安迪还是比较受宠的，外公、外婆甚至有些溺爱她，所以安迪的脾气被养得很坏。

十二岁后的安迪，终于和自己的父母团聚。但很快她就发现，自己和母亲的脾气太像了，都是不能受一点儿委屈，稍微不顺就要闹的性格。

十二岁的安迪已经有些叛逆，不愿意听父母的话，而母亲为了驯服她，动辄破口大骂，甚至操家伙动手。

好几年的时间里，安迪都是在母亲的咆哮声里度过的。被抽耳光，被关在门外，甚至被泼水，都是家常便饭。

安迪后来回想，自己情绪一上头就会动手的习惯，似乎是从母亲身上学来的。

因为自己就是生活在这样的一种环境里，母亲像是一个火药桶，莫名其妙就会爆炸，这让安迪的情绪始终是高度敏感的。

很多人以为，既然从小就受到了情绪吞没的折磨，那长大后的安迪，应该深深为之警觉，并注意规避才是。

但事实上，警觉从来都不是自然发生的，从小耳濡目染的行为模式、情绪驱动方法，如果你不去进行矫正的话，最后往往会不自觉地变成你自己对待他人的情感模式。

安迪就是这样，其实每一次谈恋爱，她对男朋友都很暴躁，都有极强的掌控欲，但她根本没有意识到，当年母亲的情感模式已经延续到了她的身上。

直至最近一次恋爱，因为太爱那个男人，又导致情绪更难控制，所以她就更暴躁，更具掌控欲，以致双方都爱得遍体鳞伤。

这时候，她才第一次意识到自己情感模式有问题，也才知道，原来由于她的情感模式，对爱人的态度，早就已经注定了。

这就是我们所说的：**情感模式早已被决定，如果你不做矫正，终生不会有改变**。

原生家庭对我们性格的塑造是全方位的，也是极为繁复的。原生家庭对情感模式的塑造尤其明显，如果我们不分析自己的情感模式是什么，就不会知道原生家庭曾对我们有这么深刻的影响。

你是否会爱某个人，真的由你自己决定吗

本节我们要讲一个“渣男吸尘器”的故事。

很多人觉得，自己是“渣男吸尘器”，那是眼光不好，选人不准的原因。

其实，可能在你很小的时候，就已经注定了你会是个“渣男吸尘器”，你可能也想摆脱这一“体质”，可渣男就是像吸血的蚊子一样盯着你。

那么“渣男吸尘器”的爱情基因又是什么呢？

我们曾研究过一个非常典型的“渣男吸尘器”案例。

姚姚是一个艺人，和许多人印象中可能不同，艺人的恋爱往往比普通人更加艰难，因为她们长期在剧组工作，环境很封闭，而且工作繁重，即使谈恋爱也总是聚少离多，所以很多艺人长期保持着单身。

姚姚也差不多是这样，她其实是个挺被动的人，从来没有主动去和谁发展过关系。哪怕遇到某个有些心动的人，也只会

藏在心里面，绝不轻易表达出来。

我曾经在算爱社的课程里讲过姚姚这样的姑娘，在谈恋爱时，就像是先给自己建立了一座阵地。

谈恋爱本来是一件令人愉快的事情，我们的心容易进入或者需要满足一定条件才能进入，这都是正常的。

但还没有开始，就先建立一座阵地，这意味着什么？

意味着你希望对方是一支军队，先要攻陷你的心，你才会和他人建立情感连接。爱对别人来说，可能是一次愉快的牵手，一个对视的眼神，一次默契的交谈。

但你必须给对方很多难题和陷阱，让对方一步步地攻打过来，把整个阵地都攻陷了，你才会认为这是爱。

我就跟姚姚谈了这个问题。

她当时的观点和很多有这种爱情观的女孩一样。

她们认为，爱情是多么重要的事情，如果不让人好好地追求自己，不让他多付出一点儿，多经历一点儿磨难，又怎么能证明他爱自己呢？

所以自己的心是一块阵地，需要被人攻陷，攻陷了之后才能恋爱，这听起来一点儿都没错。

对错的事情先放一放，我们来看姚姚恋爱的结果。

这八年里，姚姚总共谈了四段恋爱。

第一段是个非常有才华的音乐人。音乐人在私人聚会里看见姚姚，顿觉惊为天人，到处跟人说这是他的“真命天女”。

姚姚本来就不喜欢轻浮的人，狂蜂浪蝶她也是见多了，根本没打算搭理人家。

可音乐人追起人来毫不手软，你以为追人就是早安晚安外加送花送礼物吗？如果只是那样，姚姚可能见多了。

顶级“海王”是怎么追姑娘的呢？

音乐人从姚姚的事业入手，了解到她最近接到了什么角色，就找专业人士让姚姚接触，熟悉人物的现实生活。然后再利用自己的人脉，安排“资源局”，让业界大佬对姚姚有所了解。

别人帮了自己忙，姚姚当然就不能拒人于千里之外，对于对方的偶尔邀约，她也会经常出现。

音乐人倒是没那么着急。他们见面都会和一大群朋友一起，约在酒吧里。高兴的时候，他还会上台亲自唱一首歌，每次都说是唱给在场一个最美的女孩。

就这样，一次次的见面，让姚姚慢慢放下了戒备心。这就像是一个严阵以待的阵地，如果被人猛烈进攻，会引发激烈的抗拒。但如果对方慢慢接近，并且在阵地前小规模渗透，就会让人和缓下来，放松强烈的个人防御。

这就是高手的厉害之处了，他明明在追你，却还能让你放下戒心。

时间持续了几个月，音乐人终于动用了“动情一刻”的花招。

所谓的“动情一刻”，是某些特别懂得追求人的男生，在你完全没有防备的状况下，突如其来地给你一次情绪上的剧烈波动，让你产生共情，或者情绪满足。

这就像在你的阵地放松大意时，他突然给你来一次奇袭，彻底攻陷你的心房。

那次见面，姚姚本来也以为是一堆朋友，没想到竟然是烛光晚餐。那天正是音乐人的生日，两人在黑珍珠名店里，吃着最好的分子料理，喝着最好的红酒，正当尽欢的时候，音乐人却落泪了。

这时音乐人说起了自己的原生家庭，说起自己其实没有人懂，说起自己把别人当朋友，却被一次次欺骗。

种种往事，都说到了姚姚的心坎里，因为她也有几乎同样的经历。往事一幕幕地展开，姚姚和音乐人相互倾诉起了自己那么多年的不容易。

心房就此打开。

哪怕后来，姚姚被伤得撕心裂肺，可回想当初那一幕，她还是很坚信，如果再来一次的话，她依然会为对方心动。因为那是一次触及灵魂的沟通，在这个世界上，恐怕再也不会有人这么懂自己了。

被人懂，恰恰是姚姚这样的姑娘的软肋。她独立、自信，有自己的事业和追求，但不管多受欢迎、多受追捧，她始终觉得没人懂自己。

因为别人看到的，只是她光鲜靓丽的一面，而这些姑娘，真正渴望的，是自己那么多年的辛苦和伤痛能有人懂。

所以，不会追姑娘的男人只会夸姑娘，而会追姑娘的男人会同情姑娘。

很多"海王"抓住了这个原理，所以他们都学会了怎么利用同理心，来让姑娘们感受到他们的懂得。这个动情一刻，是百试百灵的撒手锏，基本上女孩都逃脱不了。

反正，姚姚觉得自己终于找到了一生的灵魂伴侣，觉得对方是真心爱自己的。于是阵地被完全攻陷，她彻底地陷了进去。

之后的故事就很千篇一律了，音乐人和姚姚在一起之后，认真了几个月，然后渐渐冷淡，开始了冷暴力。姚姚忍了几次，得到的却是音乐人的一次次出轨背叛。

各种狗血的桥段就不一一述说，因为我们今天要讲的，并不是男人有多渣，而是为什么一个女人总是会选择渣男。

顺便说一句，姚姚和音乐人分手后，又谈了几段恋爱，结果每一段都是渣男，都是劈腿出轨外加伤害她。

希望我能说清楚到底什么是"渣男吸尘器"。

"渣男吸尘器" 和自虐式情感模式

到底什么是“渣男吸尘器”？

“渣男吸尘器”就是被同一种追求模式所吸引的人。譬如你一直渴求情绪价值，则所有能带给你情绪价值的人，都很容易追到你。

譬如你最看重细节，那么在恋爱前期把能量都花在维持细节上的异性，就很容易追到你。

而不幸的是，你喜欢的这个追求模式，往往是善于伪装的。

我在电视节目《爱情保卫战》里曾说过：“现在的爱情，往往是渣男定义的。”

因为我们在各种短视频平台上看到的爱情短剧，听别人聊起的爱情故事，都是被人精心安排的，到底如何才能让一个姑娘，在短期内获得最大情绪满足的。

这种恋情会让人非常愉悦，但同时，它也没办法保持很长的时间。

往往在爆破式的情绪满足后，就突然急转直下。

成为“渣男吸尘器”，并不是因为你的运气不好，而是因为你始终保持着同样一种“爱情基因”，而这种爱情基因，会让你被同一类男生所吸引，无论你怎么抵抗，都会被这一类男生追求到。

我们说的这一类男生，并不是外形条件、学历、工作背景等方面相似，事实上被誉为“渣男吸尘器”的姑娘，每次谈恋爱找的男生可能大有不同。他们有时候是小鲜肉，有时候是帅大叔，有时候是富人，有时候是穷光蛋，有时候是学霸，有时候是才子。

你真要问她们，姑娘们根本总结不出来这些男人的内在规律。

但我们做研究，看的根本不是外在的东西，我们看的是每个人的“爱情基因”，也就是人们的情感模式。

姚姚是非常典型的“自虐型情感模式”，“渣男吸尘器”们也绝大多数具有典型的“自虐型情感模式”。

什么是自虐式情感模式，我们在后文会有详细的解释，这里只做简单比喻。

像姚姚这样具有自虐型情感模式的人，内心活动极其复杂。这类人对于绝大多数的情感连接，都处于一种可以要、想要，但必须设置障碍的状态。

哪怕在面对一个非常优秀的男生时，拥有自虐型情感模式的姑娘也不会主动去追求，甚至在别人主动追求的时候，也不会顺理成章地接受。

她们一定会设置很多关卡，需要对方付出难以想象的情绪价值；需要对方一次次地进行证明；需要对方乞求、认输，甚至放下尊严；需要对方用正常追求别人几倍的时间和劳动力，才会勉强接受。

这时候，很多人就不懂了。既然设置了那么多障碍，一次次考验对方，对方都打怪升级过关了，怎么还会是渣男呢?

因为，当你面对一个追求者的时候，这个追求者也在面对着你。所以你接受别人的追求时，别人也在评估是不是能和你共度一生。

一个正经男人，遇到心仪的姑娘，在“热恋效应”之下会做出许多日常不会做的事情，也就是讨好你、取悦你，让你高兴。

但这种“热恋效应”不会持续很长时间，并且需要获得回馈才可以持续下去。

这也就是我们所说的，恋爱和追求是需要互动的，而不是一方面持续制造负面障碍，另一方面却要求男人持续不断地付出。

正常男人发现自己的付出和追求并没有获得期待中的回馈，而追求的女生甚至表现得非常难以搞定的时候，他的第一反应不是停止追求，而是这个女生适不适合做自己的妻子。

这是正经男人和渣男的分水岭。

因为这个分水岭的存在，所以我提出一个假设：

越是渣男，就越是会持续不断地追求你，而越是好男人，他付出的追求一定是有节制的。

因为一个渣男根本不考虑一辈子的事情，他只在乎能不能在短期内追到你。也就是渣男的目的是为了追到你，而不是和你一辈子。所以你是怎样的人，你在未来生活里会不会很难相处，你适不适合当老婆，对他来说毫无意义。

而正经好男人则恰好相反，他在追求的过程里一定是考察和审视你的。因为他要考虑一辈子，要考虑未来几十年的生活，甚至还要考虑你和他的父母之间是否能契合。

如此多的考虑，让正经好男人只能扛过最初的那些追求考验，如果你还要他们去做很过分的事情的话，他们一定会转身离开。

这不是爱不爱的问题，是彼此需求的不同。

为什么具有自虐式情感模式的姑娘往往都是“渣男吸尘器”？

因为她们所设置的障碍，她们所需求的爱情模式，是只有渣男才有可能提供的。

所以能追到姚姚的男人类型，其实是同一类的。那就是会疯狂地追求人，会提供很多情绪价值，会甜言蜜语，会表现得很体贴。他们嘴上说一辈子，但实际上根本不做长远考虑。

不管他们身份背景如何，不管他们外形条件如何，不管他们用什么花招追人，实际上追求的经历是一模一样的。

那就是用持之以恒的态度，低尊严的取悦讨好，时刻的陪伴和聆听，满足你苛刻的安全感，从而让你觉得找到了一生的真爱，让你觉得只有这个男人能给你安全感。

而他得到你之后，以前那种狂热付出的内驱力就会彻底消失，从而变得越来越冷漠，让你觉得他像是换了一个人。

当你像姚姚一样哀叹自己是“渣男吸尘器”的时候，有没有想过，其实你身上早就有成为“渣男吸尘器”的爱情基因。

你的情感模式，注定了你会持续不断地经历渣男。

而想要不经历渣男，就不能听任自己的情绪来选择爱人，必须通过情感模式的契合来选择正确的人。

Chapter 2

测测你的情感模式

情感模式其实已经计算完了你这一辈子的爱情应该会怎么样，你应该配什么样的人，不配什么样的人。为什么呢？因为每种情感模式都有相匹配的情感模式。

怎么看待情感模式

男人和女人都有情感模式，而且他们情感模式几乎是相同的，但是情感模式对他们的影响是不同的。对女人来说，情感模式的影响比重更大一点儿。这是为什么呢？《色·戒》里有一个片段，王佳芝在买钻戒的时候，看到易先生在台灯下忽明忽暗的脸，那一瞬间她突然有一个情绪波动，然后爱上了对方。

一个女人爱上了对方，她的大世界塌缩成了小世界，如果我们用情感模式的理论来解释的话，就是从大性格和大价值观塌缩到了情感模式里面。

本来王佳芝对易先生用的是什么？大世界观、大性格对吗？她本来是要杀这个汉奸，杀这个男人，她心怀家国天下，要为民除害，她是这样一个世界观。但当一个女人爱上这个男人之后，大世界塌缩到小世界，用情感模式去理解这个男人时，她想的就是“我爱不爱他，他是不是爱我，我怎么才能救他”。这就是从大世界塌缩到小世界，大性格塌缩到情感模式。

举个例子，我的一个朋友，她平时是一个非常冷静、理智的姑娘，可以说理智到一个近乎冷酷和冷漠的状态。然后有一天，她突然跑来跟我说，她要辞职。我说你为什么要辞职啊，那么好的待遇，那么好的企业。她说因为她失恋了。我说你失恋了就要辞职吗？她回答，因为失恋了很痛苦，所以她必须辞职。我说你的冷静和理智体现在什么地方呢？她说我不管。

你看，这就是一个人平时和陷于情感模式之中的不同之处。每个人塌缩进情感模式之后，会做出一些自己平时都理解不了的事情。

再打个比方说，平时你和同事一起吃个小吃，觉得也挺开心的。但是如果你和恋人约会，他拉着你说我们今天去吃个小吃吧，你马上就发脾气了，我出来跟你约会，怎么能跟你去吃那个呢？这是为什么？这个价值观的判定也是和情感模式有关的。有些人觉得去吃小吃是可以的，很温暖。有些人就不会这样觉得。这种判断其实不是平时的价值观判断，而是进入情感模式之后的一个判断。

那么这种情感模式就影响了一件事情，就是你的爱情谈得好不好，会不会遇到障碍，等等。和这个情感模式是相关的，甚至可以说，情感模式决定了你的恋爱是否顺利。

那么**情感模式到底会让你做什么**？我举几个例子。

第一，怎么和爱人相处。

你跟他相处的时候是平心静气的，还是情绪会经常爆发的，其实都不一定，这是由各自的情感模式决定的。

第二，是否接受爱人的馈赠。

有一些姑娘很高兴别人送东西给她；有一些姑娘在别人送东西给她的时候，她要思考一下；有一些姑娘会觉得很不好意思，觉得还要回赠别人更贵重的东西；等等。

这也不一样，对吗？你会发现很多姑娘平时不爱去向别人求助，哪怕这个人是自己的爱人。她觉得我拿他的钱那怎么行啊，那我就变成一个跟男人要钱的女人了。有一些姑娘恰恰相反，她们会认为，他是男人，他当然要给我付钱，他当然要给我付房租，他当然要请我出去玩。你看，这就是情感模式带来的不同心理。

第三，怎么请求对方帮助。

有些人会直说，有些人是站在那里，等着对方发现自己的需求。遇到这种情况，有些姑娘觉得自己在情感里面很纠结，她明明很想要对方的帮助，但是又不愿意说，就等着对方发现，如果对方没发现，那肯定是对方不对。这也是情感模式产生的不同情况。

第四，由谁做决定。

有些人说男人做决定，有些人说女人做决定。

第五，你们会不会吵架。

因为什么事而吵架，吵架之后怎么办，这就是面对矛盾的态度，这些都是情感模式决定的。

第六，对于将来的态度。

对于离婚的态度，对于爱人不忠，甚至你自己出轨之后的抉择，都是由情感模式带来的。情感模式带给你容忍，情感模式带给你处理矛盾的方式和方法，情感模式带给你不同的抉择。比如说你选了这个人，你选择和这个人过下去；你选择原谅，或者你选择不原谅。这些抉择的不同，决定了你的爱情顺利与否。

说到这里，大家都应该听明白了。因为你的情感模式直接导致了你在爱情里面会做些什么，所以顺和不顺都在这个情感模式之中。

有些人很爱算命，我是不爱算命的，但是心理学有一个妙处就是，当我们发现你的一个模式之后，那么你将来的命运，十有八九我们已经可以预测得到，所以你可以把这个当成是一种算命。情感模式其实已经计算完了你这一辈子的爱情应该会怎么样，你应该配什么样的人，不配什么样的人。为什么呢？因为每种情感模式都有相匹配的情感模式。

有些人是 A，他可能最匹配的是 A，但也有相冲突的情感模式，比如和 B 是冲突的。A 和 A 在一起，两个人每天都过得很甜蜜，A 和 B 在一起，可能是天天打架。这就是情感模式的匹配问题，它直接决定了你将来应该爱谁、你会爱上谁。

那么每种情感模式也会有面对爱人的态度、处理问题的态度。有些人选择忍耐，有些人选择放弃。就好像经常有人会跑来问：陆老师，我老公出轨，我男朋友特别花心，我应该怎么办？我不会告诉你应该怎么办，我会希望你自己去理解，这件事情是一个价值观的问题，或者说就是情感模式的问题。你的情感模式决定你最后会选择放弃或选择忍耐。

说到这里，大家基本上应该能够理解，情感模式究竟是一种怎样的东西了。情感模式能让我们去选择人，指导我们去做事情，指导我们去忍耐或者放弃，所以我们先要弄清楚自己的情感模式是什么。

现在，你来看这本书，相信你已经有了比较固定的情感模式。所以我会给你一系列的测试，当测试题做完之后，你会知道自己的情感模式究竟是什么。

情感模式测试题，看看你的情感模式到底是什么

在做情感模式测试题之前，先要明确几个概念。

首先，你的情感模式是确定而隐藏的。

什么叫确定而隐藏的？确定的意思是它很难改变，而且基本上不会有太大的偏差。

那什么是隐藏呢？其实情感模式隐藏在你的潜意识里面，如果对于自己在感情里的状态没有进行一次次的复盘，即使是你自己，也发现不了自己的情感模式。

譬如我们前文讲到的大美。她从外表、事业到人际关系，都会让人觉得，她是个掌控型的姑娘，甚至她觉得自己应该是个女王，可以搞定所有人。

可真的到了谈恋爱的时候，外表再女王也没用，她会难以克制地想要去取悦对方，直到一次次受伤后才意识到，在生活和爱情里，自己根本就是两个人。

这种情感模式就是确定而隐藏的。

所以你一定不要被你的自我认知欺骗了，你希望自己是什么人，和你最终成为什么人，其中的差距会令你感到惊讶。

安迪也是一样的，她甚至做完了情感模式的测试题之后，拒绝承认自己是掌控型。

她根本感受不到自己的掌控，而且她自认为并没有从所谓的掌控里获得任何好处。她觉得自己只是缺少了安全感，所以有时候会控制不住情绪。

后来我给她分析了和前男友在一起的生活细节，一个个无法辩驳的事实让她终于明白，原来她一直是通过“自我心理防御”来否定自己是个掌控型的事实，但不管怎么否定，从男朋友的感受来看，她就是个不折不扣的掌控型情感模式的人。

四种情感模式，并没有什么好坏的区别。测试也只是为了寻找你内心的爱情基因，不要抗拒，也不要否认。测试的结果，则是代表了你的原生家庭深埋在你心中的情感基因是什么。

其次，每个人的性格是繁复的，所以我们在做测试题时，很容易混淆自己的社会人格和情感模式。

譬如安迪平时对人态度很好、很温柔，她在做题时会下意识地把自己温柔的一面当作答案。

但情感模式的测试题，测的是你和男朋友或者老公在日常生活里的一面。

所以在做测试题时要避免两个误区。一个是千万不要把你和别人的相处方式代入进来，这个测试题，只是测你和另一半的情感模式。

另一个是尽量不要把热恋期最初一段时间的状态放进来，因为任何人的热恋初期，都会有一个取悦期，会隐藏自己的缺点，会压抑自己的情绪。

接下来，请跟着我来做这套女性版的情感模式测试题（男性版测试题将在文末出现）。

这套测试题总共是五道题，每道题里面都会有一些先决条件或者人物，你们可以把自己代入，然后想一下自己是如何思考的。

第一道题：一个男人在追你，追了一段时间之后，你不确定自己喜不喜欢他，因为你跟他刚认识还没多久。这时候他送了你一个几百块钱的小礼物。当他把礼物塞到你手里之后，你会有一个什么样的态度？

A. 你会开心地收下，并且感谢对方。你没有想太多，直接收了礼物，还特别高兴地感谢他。

B. 毫不犹豫地拒绝，认为你们两个人还没有达到送礼物和收礼物的关系。不行，我们认识没多久，我又没确定喜不喜欢你，你又不是我男朋友，我怎么能收你礼物呢？没有到这种关系。

C. 嫌弃东西有点儿低端，但没有表现出来，最后还是收下了。虽然这个东西我不喜欢，但还是收下了。

D. 东西你收下了，但是你明天或者后天，打算买一个更贵重的礼物还给他。他送几百块，我就送一千块，或者说比他送的东西价值要高一两百块。

第二道题：这时候你已经谈恋爱了。你的恋人最近老抱怨，说你总是不理他。这个时候你会有一个什么样的想法，或者有一个什么样的表现。

A. 好好好，你既然都这么说了，那我就多理理你，我多陪陪你呗。

B. 那你为什么不先来找我呢？之前网上有个段子：我不理你是因为你不理我。

你说我不陪你，说我不理你，那不是因为你没有来找我吗，你多找我，我才会来理你嘛，你不找我，我为什么要理你？

C. 我最近很忙，你不要烦我。告诉你，我都很忙，我不理你肯定有不理你的原因，我一直都在忙。

D. 自责。我最近是不是真的有一些不对，有一些不关心你呢？是不是我还有什么地方可以改，可以变得更加关心你。

第三道题：你送了一个东西给恋人，这个时候你最期待他有什么样的反应？

A. 希望对方也能送东西给你，而且最好是更贵的。

B. 希望对方喜欢，但是又不会有太夸张的神情。但是如果对方很冷淡的话，你又会生闷气。这生的是闷气啊，也不会说出来。

C. 希望这个人特别开心地笑，甚至是傻笑。有一些男人也是这样，看到这个东西就说："哎哟，这个好"，然后呵呵地笑。

D. 给你一个拥抱。这个男人看到这个东西，也没有说喜欢和不喜欢，但是会把你拉过来抱一下，让你感觉到温暖。

第四道题：当你们吵架的时候，你会有什么反应？

A. 一个人委屈地哭，等着他来哄你。他要不来哄你，你就一直哭，不愿主动理他。

B. 愤怒，不理人，生闷气，最严重的时候甚至会摔门走人。以生闷气为主。

C. 破口大骂，发脾气，指着这人的鼻子把他痛骂一顿。

D. 去哄他。察言观色，费尽心思，尽快把对方哄好。

第五道题：如果你的男朋友或老公提出分手，但是你还是喜欢他，你的第一反应是什么？

A. 先求他回头。“哎呀，你不要走，我们还可以在一起。”如果他拒绝回头的话，你又会晒自己的悲惨，晒自己好孤独之类的。最后再想，我下一步应该怎么办。

B. 哪怕我很痛苦，也要压在心里面，表现得更加冷漠和无所谓。一句软话都不说，你想我求你，不可能。我宁可自己扛。

C. 感觉能把他哄回来。我觉得问题不大，这个人我哄哄应该就回来了，应该就能和好了。

D. 反复纠结，在想我到底哪儿错了。我究竟用什么样的方法可以让他回心转意等。

每道题都是四个选项，每个选项分别对应了一种情感模式。

上述答案中，你只要有三个或三个以上的答案是同一个选项，那么你就是**单独优势型**，也就是说**有一种情感模式，在你的人生里起到了主导地位**。

那有些人说，比如我是 AABBC，或者是 CAABB。各有两个是相同的，第三个是不同的，这叫**两两混合型**。

两两混合型是什么呢？相当于有两个情感模式在你的人生中起到作用。这两个情感模式相互交织，发挥作用，没有哪个情感模式是单独具有压倒性优势的。

两两混合型和单独优势型有什么区别呢？单独优势型的人性格非常鲜明，在情感模式里面，她做事情非常果断。例如，在面对男人出轨时，这个类型的人一定是放弃的，这很容易判断。而两两混合型没有那么容易判断，它的包容程度、容忍程度，或者说它的可匹配程度都要比单独优势型要强很多。这个我们最后会再来详细说一下。

还有一种比较特殊的类型，叫**全面混合型**。

全面混合型是什么呢？比如说AABCD，只有一个是重复的，其他都是不重复的。**全面混合型往往是因为你的情感模式比较混乱，或者说你的情感模式因人而异。在感情发展过程中，你的情感模式发生了一定的矫正和变化**。具有两个重复选项所对应的情感模式，对你起到的作用是最大的，其他情感模式对你都有一定的影响。

总的来说，三个或者三个以上的选项是一致的，叫单独优势型。有两个是相同的答案，叫两两混合型。

那么，刚才这套测试题，我们最后怎么来判断呢？一共有四大情感模式，主要针对单独优势型来说，分别对应了四个选项。

如果你的测试结果有：三个或三个以上的 A 选项，你是**享受型的情感模式**。

三个或三个以上的 B 选项，你是**自虐型的情感模式**。

三个或三个以上的 C 选项，你是**掌控型的情感模式**。

三个或三个以上的 D 选项，你是**取悦型的情感模式**。

你是哪种情感模式，可以根据你的答案来做相应的判断。

如果你有三个或三个以上的相同答案，那么你可以很容易地做出判断，只要关注这一种情感模式就足够了。因为在你的人生里，起主导的是这种优势的、压倒的情感模式。

如果你是两两混合型的，那么是哪两种情感模式对你的人生和情感起到作用，我们就专门来关注这两个。

做完这套测试题之后，你首先已经明白了，决定你的爱情、人生的情感模式是什么。

下一节，我们将开始结合案例，来告诉你们每个情感模式的真相。

你的爱情基因，即将被揭秘。

Chapter 3

享受型情感模式

享受型情感模式的人有了爱情之后，会变得很依赖他人。尤其是爱人会给他提供好的条件，帮助他安稳下来之后，他会习惯性地放弃自己的独立性和思考能力。

一只中年的鸵鸟

在本书里，会提到一些我们做情感模式研究时的真实案例。为了保护隐私，我们会用化名来指代，并对一部分不重要的细节进行演绎。

没有哪个人会和另外一个人的人生经历一模一样，当别人的人生在你面前展开时，不要去细细地比对，要尽量用心去感受。

在绝大多数人的眼里，若子过得很幸福。确实，连若子都觉得自己应该是幸福的。

但在最好的闺密眼里，若子过得一点儿都不好，甚至是太卑微了。

这形成了一种奇怪的现象，一个人的生活是光鲜亮丽的，甚至是惹人羡慕的，她自己也乐在其中，但最好的朋友们却觉得她在过苦日子。

为什么呢？我们来观察一下若子的生活。

若子出生在一个中西部的城市中偏郊区的农村家庭，父母收入尚可。但家里上有哥哥，下有弟弟，父母又有些重男轻女，所以不算受宠。父母对她极为严厉，从小她物质生活也挺匮乏，总是羡慕别人有好吃的、好玩的。

因为童年被父母苛责，所以若子一直羡慕别人的生活，渴望有人宠爱自己，这种环境塑造了若子的原生性格。

高中毕业后，成绩一般的若子选择了南方的一所大专院校，目的只是为了能离家远远的。她认为似乎只要离家远了，自己的幸福生活就能到来。

若子的大学生活过得还挺自由，少了家里的管束，她可以每天吃吃睡睡上上课，在室友的照顾下，甚至连卫生都不用怎么做。大一时，她觉得这就是前所未有的幸福生活。但大二之后，若子又发觉自己和别人的差距了。

若子有个室友，是本地姑娘，外表很可人，属于人见人爱的类型。

大一时倒还没什么，可是从大二开始，室友就开始被很多人追求，校内、校外的男生，排着队给她送礼物，还经常会有豪车来接她出去玩。

每到周末，室友就化着美美的妆，打扮得漂漂亮亮的，然后跟着男生出去吃喝玩乐。

有一次，室友大发“善心”，决定带着若子和其他几个室友一起去玩。那天，室友的男朋友开着保姆车来接她们整个寝室的人出去。

那是若子第一次见大世面。她终于知道大餐是什么样子的，她终于知道原来豪车有那么多品牌，她终于知道什么是蹦迪，她也第一次品尝到了传说中的香槟。

这次见世面之后，若子抓心挠肝地想了好几天，终于忍不住问室友，自己怎么样才能过上这样的生活呢。对她来说，这简直就是人上人的日子。

室友说得轻描淡写，只要找个有钱男朋友就行啦，男朋友有的就是你有的。

若子恍然大悟。

但室友的这番话，却引来了寝室里其他人的反对意见。

一个寝室有四个姑娘，另外两个姑娘听到后，立刻就说，女人为什么要靠男朋友生活。

四个人甚至争论了起来。反对的那两个女孩从小在家里接受的教育就是要靠自己，不能靠男人，所以对她们来说，谈恋爱只是因为喜欢别人，就算对方要送礼物，自己也是不能随便收下的，更别说拿男人钱了。有个姑娘甚至说得很激动，她觉得拿男人钱的就是坏女人，哪怕以谈恋爱的名义，也不能这么做。

这次争论让寝室的气氛变得很奇怪，本地的室友很快就让男朋友在外面租了房子，搬出去和男友双宿双飞了。

若子当时没有表现出自己的立场，因为她也不懂哪个到底是对的。如果说教育，若子小时候接受的教育也是独立自强，不要随便拿别人的东西。

可是另一方面，从小物质的匮乏和对别人的羡慕，让她心底里的欲望之火熊熊燃烧，根本没办法熄灭。

从这里可以看到，原生家庭对于一个人原生性格的形成有多重要。

若子陷于价值观的纠结和痛苦里，可她看到自己室友搬出去后，变得越来越漂亮，生活也和同学们大不一样，十分羡慕，所以她暗下决心，自己也要过上这么好的日子。

所以若子打算也学着室友那样，先给自己找个男朋友。

这时候问题就来了，若子根本找不到那样阔绰的男朋友，因为她没有女同学长得好看可人，她也不是本地人，更没有那么多情场经验，平时对她有好感的人也不多，找个条件好的男生也比较难。

若子很快意识到了自己的核心问题，那就是外貌。当时她听到了这样一句话，说外貌是穿越阶层的利器，无论男女都是这样。

当时的若子已经不是什么也不懂的小女孩了，看看周围人迷恋的偶像，长得好看一点儿的姑娘和男人，被人们称为小仙女和小鲜肉，大把的人愿意追捧和倒贴他们。

所以若子打算改变自己的命运，她想要去做微整。在这件事情上，若子倒是很有执行力，她用了一个暑假的时间打工，再加上生活费，又从哥哥手里借了点儿钱，还真的凑足了最低档次的微整费用。

她做了双眼皮，垫了鼻子。虽然在医美行业，这只是两个最小的手术，但也让她吃足了苦头。

暑假结束，同学们又回到学校。若子的全新容貌，让同学们大为惊艳。他们发现，若子本来就是小脸小骨架，五官微调之后，整个脸就精致了很多。微整后的若子，已经堪称美女了。

接下来的事情就变得顺理成章了。变得好看的若子，果然有了很多的追求者，其中也不乏条件好的。

若子从此以后就能过上她想要的生活了吗？

之后的那一年里，若子过得很舒服，她跟着同学一起混进了本地富二代的圈子，也过上了每天坐超跑、吃喝玩乐、疯狂蹦迪的生活。哪怕后来她回忆起那段日子，仍觉得那简直就是神仙般的日子。

整整一年的时间，她的生活就好像踩在云朵上，软绵绵的，又不着地，日复一日的宿醉，混混沌沌，也不知今夕何年。

但好景不长，这一年过完后，若子好几门课都挂科了，老师忍不住给她家里打了电话。结果若子被爸妈拉回家，狠狠地揍了一顿。

父母不明白若子为什么会变成这样，也没打算明白，只是简单粗暴地把她打了一顿。并且父亲告诫她，如果拿不到毕业证书，就和她断绝父女关系，让她从此以后都不要回家了。

被教训一顿回到学校后，若子琢磨了一下，觉得这样的生活，自己确实也不能持续下去。

首先当然是因为毕业证的问题，如果挂科门数太多，那就不能毕业。读了那么多年的书，最后连毕业证都没有，那也太亏了。

其次是她虽然混着富二代的圈子，但其实并没有和谁谈恋爱。这也是若子感到最迷惑的一点儿了，她现在的外形条件其实不错，对她好的人也不少，喜欢带她到处玩的人也有，甚至她也和喜欢的男生发生过关系。

可不知为什么，那些人只是供她吃喝玩乐，却从来没人对她表白，想和她谈一场真正的恋爱。

若子确实喜欢灯红酒绿的生活，可她也想要甜甜的恋爱。这一年下来，若子认识了不少家境富裕的男生，但恋爱却一个都没谈成，这让若子又陷入了迷茫。

最后还是那个女同学给她解开了疑问。因为若子过分地享受奢靡的生活，以致她从来没有拒绝过任何人的馈赠，不管是别人带她出去玩也好，给她买礼物也好，或者带她消费也好，她都是来者不拒。

一个人如果接受所有人给她花钱，从来不拒绝别人，那在某个圈子里，当然会被定义为那种“不正经的女孩”。

虽然在那个圈子里，也不乏这样的女孩，但就男女关系来说，若子还比较克制。但任何男人都会觉得，若子这种跟着他们玩的女生，只有玩乐的价值，并没有谈恋爱的价值。

说得难听一点儿，若子因为从不拒绝，什么好事都想要，最后被人定义成了“玩物”。

这个事实让若子很难接受，虽然她迷恋这种生活，可从小受到的道德教育，还是让她无法接受自己成了一个圈子里的“玩物”。

说到这里，我们也能发现一个真相，**就是原生家庭塑造的原生性格，会让我们沉醉于某种渴望的生活。但我们从小受到的道德教育，又会对这种性格产生巨大的束缚。两者的矛盾，就像是“超我”和“本我”之间的纠缠，会让人陷入痛苦。**

若子在这样的纠结痛苦中度过了相当长的一段时间，但还是下不了决心脱离出来。而最后让她摆脱这圈子的，是一个意外。

她怀孕了。

若子去找那个男人，结果男人根本不承认，他说若子又不止跟他一个人发生关系，怎么就能肯定是他的孩子。

若子回忆时间、地点以及为什么没有避孕等，但男人依旧不承认。

最后，若子无奈地咬着牙说要把孩子生下来验 DNA（脱氧核糖核酸），那男人才怕了。于是男人开始用各种方法哄若子，又是给她买东西，又是各种安慰，并且答应她，只要把孩子打掉，就给她一笔钱。

在男人的花言巧语之下，若子又昏了头，被男人带去做了手术。

手术后，若子才第一次见识到这个男人的冷漠。

若子出了手术室，就再也没有见过那个男人。他像是人间蒸发了一样，怎么都联系不到。若子的微信被他拉黑，电话也不接，问他的兄弟，人人都帮他打掩护。

反而是若子被那个群体刻意地排挤了，那些曾经对她笑脸相迎的人，都不再带她玩，甚至都不愿意搭理她。

若子这才明白，男人之前的种种承诺，其实都不过是稳住她的手段而已，目的只是为了让她去堕胎。

而这种粗劣的手段能奏效，就是男人利用了若子的贪念和懒惰，让她以为自己只要顺从，就会有人来爱她和给她花钱。

遭遇了这次挫败之后，若子只能退出那个圈子，或者说，她是被人当成了一个潜在的麻烦，清除出了这个圈子。

之后，若子经历了一段人生中凄惶而悲惨的日子。堕胎后，身体留下来的伤害和精神上的折磨，让她在寝室里天天以泪洗面。

幸好若子的室友非常善良，一直陪伴着她，日夜照顾她，让她在最难过的那段时间里，获得了些许安慰。

在室友的感化之下，若子也终于清醒过来，之前自己认为是神仙般的日子，根本就是一种奢靡和虚无的生活。看起来五光十色、绚烂多彩，可并没有一分一毫是真正属于她的。她虽然在酒精里沉醉，在欲望里狂欢，可消耗的却是自己的生命和青春。到最后，她只有受伤的躯体和一无所得的人生。

若子终于和之前的生活割裂，在学校的最后一个学期里，把挂科的成绩一一补上，然后又遇到了一个男生，开始了一段正式的恋爱。这段恋情的开始，让若子终于明白了谈恋爱是怎么回事。

看到这里，是不是觉得已经看完了若子的情感模式了？但其实不然。若子这一整段的经历，再加上她童年、少年时期的原生家庭，只是形成她情感模式的历程而已。

若子的情感经历，从这里才刚刚开始。

若子在大学的最后一年里，认识了邻校的男生 A，他人很不错，和以往认识的那种人全然不同。虽然这个男生家境并不富裕，但是个学霸，从小成绩很好，靠自己的努力考上了 211 大学，大学期间也不曾跟家里要过生活费，一直都是自力更生，兼职打工，最后不只赚出了学费和生活费，还存了好几万块钱。

若子和 A 在一起之后，过起了平淡且甜蜜的恋爱生活。她觉得自己如果不买奢侈品，其实平时也花不了多少钱，A 虽然赚钱不多，但也能养得起她。

注意，这里是若子自己的心理逻辑，但如果从旁观者的角度，我们来复盘的话，会发现这里有典型的“享受型情感模式”的特征。

那就是“心安理得”。

若子自认为不买奢侈品包包，也花不了多少钱。但实际上，他们每周都要出去吃饭约会，出门要专车，偶尔还要旅行。这种生活对学生来说，已经属于比较费钱了。但因为若子将现在的生活和之前的奢靡生活做比较，所以她心安理得地认为，自己完全改过自新，已经成为一个很省钱的姑娘了。

其实，作为一个独立的人，虽然还只是学生，但在正常生活之外的开销，就应该是靠自己劳动所得。可若子却觉得，男朋友帮自己买单，给自己消费，都是正常的，这都是男人“养”自己的一部分。

作为一个独立的人却希望被人养，这也是她“心安理得”的具体表现。

这样的生活过了半年多，若子又面临着一次人生的选择，她毕业了。

她在学校所在的大城市里试着找工作，但并不顺利，所以就决定回家。因为父母托人给她安排了一个事业单位的工作，从此若子和男朋友就过上了异地恋的生活。

异地恋当然是很难受的，若子和男朋友开始时常吵架，主要导火索就是若子觉得男朋友的陪伴太少。

若子看了《喜宝》之后，给自己下了个定义。

“你要么给我很多很多的钱，要么给我很多很多的爱，不然，你为什么是我男朋友？”

这句话在她和男朋友的吵架中经常被提及，也被她用来当作分手的理由。

男友A那时候真的是很爱很爱若子，他坚定地不愿意分手，最后终于找到了两人的症结，那就是异地恋，导致两个人感情生疏。

所以男友 A 建议若子放弃老家的工作，来他所在的城市生活，并承诺自己会对若子好。

若子觉得谈了挺久的恋爱，而且 A 对她也挺好，说不定将来 A 会很有前途，现在放弃实在可惜，再加上自己和父母也经常吵架，所以就答应了。

若子辞去了事业单位的工作，离开县城，来到了那个陌生的大城市。

若子没有太多的顾虑，因为男友 A 给她租好了房子，帮她找工作，还给她零花钱用。

这样的日子过得当然很好，若子就这么无忧无虑地度过了两年。

她并不知道，其实男朋友的压力很大，房租外加谈恋爱费用还要养女朋友，工资完全不够用，而且若子隔三岔五还要礼物，每年要买一两个奢侈品包包。

无奈之下，男友 A 决定和朋友一起创业。

刚开始创业，若子是很支持的，她觉得男人创业当然能赚更多的钱，可以给她更好的生活，毕竟她也希望能在大城市里买房、结婚、安家。

所以若子不仅给男友 A 介绍客户，到处宣传，还安分守己地给他送饭。

创业的日子很艰苦，男友 A 的工作越来越忙，陪伴若子的时间越来越少，可收获并不如想象中那么多。若子期待中的富贵没有来，甚至连从前的日子都维持不了。男友 A 给她的零花钱越来越少，直至再也拿不出来，甚至连租房子的钱，都需要若子一起来承担。

这种日子过了半年，若子就觉得很痛苦。她觉得什么都不对了，她想要的生活完全消失了。现在她既没有人陪，也没有钱，更没有未来，不知道自己为什么还要在这样的生活里过下去。

若子开始天天和男朋友吵架，之后又陷入了冷战。

在一个偶然的机会里，若子认识了自己老板的朋友，一个本地成功的商人。这个商人我们暂称他为商人 B，他见了若子，被她的美貌所吸引，就开始拼命地追求她。

商人 B 三十多岁，有过一次失败的婚姻，他喜欢若子的披肩直发，洒脱利落，直截了当。

商人 B 不管若子有没有男朋友，每天开着自己的大奔来接若子，带她去吃饭，带她去买东西。

刚开始若子还有点儿戒惧，她自认为不是个坏女孩，当然不能被人轻而易举地用富贵收买。

可有一次加班下暴雨，叫不到车回不了家的时候，若子想喊男朋友来接自己，谁料男朋友说在忙，让她自己想办法。

这时候，商人 B 恰好开着他的豪车出现，不仅接走了若子，还带她去了江上的游艇里吃大餐。

红酒、牛排、生蚝，对若子来说已经好久不见。她突然发觉，曾经让她感受到温暖的东西，都已经不存在了，而生活的单调和贫乏，又像是噩梦一样回来了。

若子猛然醒悟，她要的确实不是这样的生活，她要的是关爱，是满足自己的愉悦感。

很快，若子就在商人 B 的疯狂追求中沦陷了，她和男友 A 分手，搬进了商人 B 的豪华江景大平层，并且辞职在家，当上了她梦寐以求的老板娘。

商人 B 当时是真心喜欢若子，并没有像别人想的（男友 A 诅咒的）那样，分分钟就把她甩了。

若子当然有自己出色的一面。虽然她有点儿贪图享乐，可并非没有可取之处。

譬如她性格很好，热情、率真、善良，一点儿都不矫情，热爱交朋友，并且从不会害人。

商人 B 估计是见多了那些口蜜腹剑的人，或者始终带着面具伪装的姑娘，所以和若子在一起时，他会觉得很轻松、很自在，也不需要防备。

过了不到一年，若子就和商人 B 结婚了。由于商人 B 是二婚，所以婚礼只是简单地办了一下，这让若子的父母非常不满，但若子觉得自己能嫁得好就很好了，根本不需要计较这种小事。

婚后，若子没有再去工作，但也不能叫作家庭主妇，只能说是全职太太。家庭的富裕，让她可以完全不用做家务，每天就是约约朋友，喝喝下午茶，逛逛街。

两年后，若子诞下一女，家里的保姆变成了两个，她把更多的时间放在了孩子的身上。两年后，她又生了一个女儿。

三十多岁的若子，有两个女儿，不需要工作，家境富庶，在别人眼里，简直就是人生赢家。

但她真的是赢家吗？

若子来找我时，哭了整整一个下午，原因是她老公又出轨了。

在这里用个“又”字，是因为她老公出轨这个事情，根本不是第一次，可以说是经常性的出轨。

商人 B 离过一次婚，当时若子根本没去细究为什么，后来才知道，是因为他时常出入风月场所应酬，而他那个高知身份的前妻根本无法接受，所以断然离婚。

若子当然也多次发现老公去那种地方，但每次问的时候，商人 B 都百般哄着她，说自己不过是出去应酬而已。

当若子生完两个孩子，周围的太太们也纷纷说，男人去这种地方不过逢场作戏，不需要太过于计较，若子也就只当自己没看到。

若子怀大宝的时候，曾接到一个电话，有个女人说她把若子老公睡了。事后若子问老公，却被告之是竞争对手的恶作剧，这件事情也不了了之。

但这次却截然不同，二宝一周岁后，若子发现自己老公回家的时间越来越少。从前虽然忙，要出去应酬，可就算是酒气冲天，哪怕是到了凌晨三四点，这男人总是要回家的。这也是若子给老公定下的底线。

可他回家的次数越来越少，之前还给个借口，什么喝醉了回不来，去朋友家住一晚之类的，到后面连理由也没有了。

就算一个礼拜难得回家一两次，他对若子的态度也非常冷淡，连聊天都不太愿意，回到家也就是逗逗女儿，睡一觉就算完事。

在这种情况下，若子起了疑心，于是趁着过年，老公在家吃年夜饭喝醉了的当口儿，去翻了他的手机。

这次翻手机，让若子的整个世界都崩塌了。

若子虽然是个全职太太，可并不是没有见过世面、没有文化的女人，她当然早就预料到，自己老公肯定出轨过，但出轨也有不同情况。

在若子想来，男人逢场作戏，和风月女子在一起，是把那些女人当成工具，自己阻挡不了。

而其他一些主动送上门来的女人呢，要的无非就是钱，其本质就是用自己的年轻美貌换点儿钱花。这虽然会让若子很不舒服，但她自认是正妻，觉得不会对她产生什么威胁，所以也不用太过在意。

正是这两个理念支撑着若子，让她一直觉得自己的生活都在轨道上，并没有问题。

但这次翻完老公的手机，一切都不对了，天都塌了。

原来商人 B 在外面，居然还有两个家。不是有两个女人，而是实实在在的家。两个女人都被商人 B 叫作老婆，两边都买了房子，而且商人 B 还会定期去两边住一段时间。

只是这两个女人，一个在外地，一个在本地，所以商人 B 之前所谓的出差，其实都是去了外地那个家。

最近一段时间，为什么人在本地也不回家呢？竟是因为本地那个女人，给商人 B 生了一个儿子。

本地这个女人，刚开始大概只是商人 B 的鱼水之欢，但当他发现女人怀孕，并且彩超检查出来是儿子之后，立刻角色转化，又是买房又是给女人雇人安胎，直至孩子出生，商人 B 几乎把所有的时间都拿来陪这对母子。

若子完全疯了，自己的丈夫在外有家，甚至还有儿子。

发现真相后的若子惶惶不可终日，她不知道该怎么办，既害怕，又不甘心。最后终于忍不住，跟老公摊牌了，告诉老公自己已经知道一切真相。

若子和老公摊牌的目的其实一点儿都不明确，她只知道自己不想生活垮掉，不想自己的家散了，但为什么要摊牌，摊牌后要说什么，一概不清楚。当时她大概以为，只要说了出来，老公一忏悔，自己一原谅，事情就解决了，老公就会回归家庭。

可惜她太天真了。

若子和老公摊牌后，本来期待着老公的愧疚和认错，没想到那男人竟勃然大怒，当场就扇了若子几个耳光，之后扬长而去，整整半个月不回家。

若子完全蒙了，这和她想象的完全不同。她根本不知道这个男人是什么意思，也不知道接下来该怎么办。

半个月不到，若子的内心像是死了无数次，没有一天能好好睡觉，天天以泪洗面，尤其看着两个女儿，自己内心的难过像是浪涛一样不断起伏。

最后若子只能强作冷静地去老公公司，想看看老公到底是个什么意思。

商人 B 对若子依然没有什么好脸色，但这次，商人 B 给出了两个解决方案，让若子自己选择。

商人 B 的第一个方案是离婚，两个女儿他只要一个，然后给若子留一套一百平方米的小房子和两百万元现金，从此以后，他和若子就再也没有关系。

第二个方案是若子好好地做个称职的老婆，也就是当个“瞎子”和“聋子”，什么都看不到，什么都听不到，也不能管他。如果这样，那他还愿意和若子继续婚姻，并且让若子保持现在的生活。

这两个方案，就像是两把刀子插进了若子的心，她当时什么都不肯答应，甚至恨不得一头撞死在商人 B 面前。

但商人 B 冷冰冰地让若子回去想想，想想自己的生活，想想她父母的生活，想想未来女儿的生活，再去做决定。

若子没有真的去死，她回到家之后，抱着女儿哭了三天，最后毫不意外地，她选择了第二个方案，那就是当这个事情没有发生过，只要老公不和自己离婚，她就能忍下去，只要现在的生活没有改变，她就可以忍下去。

为了能让自己的忍耐变得更可以接受，她不断地告诉自己，这是为了女儿，为了能让家庭维持下去，只要婚姻保住了，一切都保住了。

若子的这个选择，在太太圈子里居然获得了一致的认同，那时候若子才知道，大部分表面光鲜亮丽的阔太太们，其实都是一只只鸵鸟。为了保住自己的生活，把头埋在沙堆里，什么也看不到，什么也听不到。

若子来找我的时候，她这样的“鸵鸟生活”已经过了相当一段长的时间，她虽然选择了忍受，但内心的情绪依然是崩坏的，所以她来找我求助，希望能获得解脱。

我问若子，相不相信因果律。

若子说当然相信，她认为善有善报，恶有恶报，所以自己的老公和那个女人一定长不了，他们是会有报应的。

这当然是一个美好的愿望，但美好的愿望最后都是用鸡汤来呈现的，它们都于事无补。

我说的因果律，指的是发生在自己身上的事情，也就是一个人的爱情基因“情感模式”，最终会决定一个人的人生和故事结局。

若子问，她是什么情感模式。

当我告诉她，她是典型的“享受型情感模式”的时候。果不其然，她否认了。

因为若子觉得自己不是一个特别喜欢享乐的人，也不是动辄要买价值几十万元包包的人，而且她也过过苦日子，甚至她也会帮着男人省钱，那么她又为什么会是享受型情感模式呢？

接下来，我们就来讲一下，什么是“享受型情感模式。”

可能和大家想象的并不一样。

享受，并且心安理得

享受型情感模式，顾名思义，它最重要的特点是：享受伴侣带给自己的一切好处。

什么意思呢？这就涉及我们在情感连接里的一个常见情况：提供帮助和接受帮助。

我们现在经常讲自力更生，那么在自力更生之外的，我们所接收到的事物，都属于被帮助。

这里就会有一个很典型的价值观冲突。我们是否愿意接受帮助，以及我们对于别人的帮助会接受到什么程度。

有些人从小受到的教育就是不能随便接受别人的帮助，所以这些人一般情况下是不会随意接受礼物的，也不会随便接受各种馈赠和好意。

但享受型情感模式不同，他们的核心价值观是：如果你是我的爱人，那你帮助我是应该的，你给我什么都是应该的，如果你不主动给，我甚至有可能会主动要。

所以具有享受型情感模式的姑娘的一个典型特点就是开心，她们不纠结。

每当她们的爱人要给她们提供帮助，或者送东西时，她们会特别开心。但她们不会去想对方送自己东西是什么意思，要不要还礼等。

出门吃饭伴侣付钱，她们会觉得理所应当；甚至有时候对方很长时间不送礼物，她们还要提要求，让对方送自己礼物；诸如此类。

她们并不会觉得向对方索取礼物是个羞耻的事情，甚至认为这才叫谈恋爱。

如果伴侣能够满足她们大部分的需求，她们会认为这个人是自己命中注定的那个人。

那么享受型情感模式有什么性格特点?

A. 心安理得

有些人会说，谈恋爱嘛，姑娘都是享受型的，姑娘都喜欢在爱情里面享受，难道每个人都是享受型情感模式吗?

当然不是。

这里要提到一个区别。那就是享受爱情的愉悦和享受型情感模式，是两个截然不同的概念。

享受型的情感模式有一个显著的特点——**心安理得**。

有些姑娘在爱情里也会很享受，但是没那么心安理得。

刚开始谈恋爱，男人说我帮你付房租时，有些姑娘可能就直接拒绝了，有些姑娘接受了，但是总觉得好像欠人家什么。

而享受型情感模式不同，此类人有典型的心安理得的特征。会觉得我跟你谈恋爱了，你给我付房租很正常啊。

“心安理得”四个字的意义是什么呢？

也就是他们认为从伴侣那里获取什么，都是天经地义。

他们会认为我和你谈恋爱，和你成为伴侣，你就应该给我一些什么，或者应该满足我的需求。

这在不少人看来，可能是错误的观点，但我们现在研究的是情感模式，而不是价值观的对错。

每个人因其成长经历的不同，有着截然不同的性格和价值观。

作为研究者，我们只是分析其成因，观察其结果。

所以在这里我们可以看到。若子和许多姑娘不同的地方在于，也许大家都会接受礼物，但很多人收到礼物都想着要回礼，会觉得自己有所亏欠，这就不是享受型情感模式。

若子这样的女孩会觉得收到男朋友的礼物是正常的，甚至是应该的，这种心安理得，才是享受型情感模式的基本特点。

B. 雨过天晴

若子的脾气很好，这是有目共睹的，这也是当初商人 B 会喜欢若子的原因。

但把享受型情感模式的人直接定义成脾气好，并不是很确切。

享受型情感模式的人也会生气，甚至不少人还挺爱生气的。

她们只是给人脾气好的观感，但并不是真的脾气好。

打个比方说，若子在商人 B 那里算是脾气好的，可在男友 A 那里真的算不上脾气有多好。

异地恋的时候天天吵架，创业的时候天天吵架，不吵架的情况大概只有很短的一段时间。

所以，享受型情感模式是看人下菜碟，还是看钱下菜碟呢？是因为遇到有钱人，就没脾气了吗？

并不是。

如果仔细去分析若子的性格和价值观，不能简单地说，她是向钱屈服的人。让她生气和变得脾气好的原因，其实都是情绪，而不是钱。

换句话说，享受型情感模式的人脾气好，不是真的脾气好，而是她们比较“好哄”。

好哄才是享受型情感模式的重要性格特点，我们可以称之为“雨过天晴”。

具有享受型情感模式的人很容易生气。**但他们生气往往来自需求不能满足，需求一旦获得满足之后，马上就雨过天晴了。**

比如说一个姑娘想要过好日子，这个男人无法满足她，到最后，她就会变得愤怒或暴躁。

在物质条件上，若子是一个非常典型的案例。刚开始的时候，她崇拜灯红酒绿的生活，于是开始周旋在富二代之中。

后来她被伤透了才开始明白，自己应该去寻求真正的幸福。

于是刻意地找了个物质条件一般的男人，她当时认为，只有物质一般的男人才会老实，而两个人只要通过奋斗，自然是可以改变物质条件的。

显然，她并不了解享受型情感模式，也不了解自己。

她以为自己能做到的事情，但其实她做不到。

当男友 A 没办法让若子过上最基本的生活时，她就会从情感上面寻找补偿，如果情感上面也寻不到补偿的话，那她就立刻会生气，会感觉到不满足。

非物质条件上也有同样类型的案例。譬如有些姑娘不看重物质条件，但看重陪伴，她们需要每天超过五小时的陪伴，男人和她在一起的时候，不能玩电脑，不能做别的事情。在这种情况中，如果男人工作一忙，她们百分百会爆发。

在精神满足上也有相同的案例，之前有这样一个情感求助。这个姑娘极度追求精神满足，所以找了一个艺术家谈恋爱。这个艺术家可以给她写诗，可以带她去感受风花雪月。可有一天，这个艺术家不写诗不给她说情话了，她就会认为对方不爱了。

所以享受型情感模式在自己的物质或者精神需求不被满足的时候就会生气，但也很容易雨过天晴。为什么说是雨过天晴呢？那就是享受型情感模式的人非常容易被哄，从而达到满足。

无论是物质需求，还是精神需求，一旦不被满足，他们就会生气。可反过来一样，如果他们的需求被满足了，就立刻会雨过天晴，一点儿都不记仇。

享受型情感模式几乎不掩饰自己的不开心，也不掩饰自己的需求。当他们生气的时候，生气的原因会表现得明明白白。

这时候，只要他们的爱人心领神会，立刻把这方面的需求补足，甚至是超量供给，那么享受型情感模式的人就会分分钟雨转晴，并且内心不会产生一点儿芥蒂。

这个状态在若子的身上是很明显的，她丈夫好几次疑似出轨，这要是放在其他姑娘身上，可能早就闹得天翻地覆了。

若子发现后也很生气，但在丈夫超量的物质满足之下，她很快就被哄好了。

生气，为什么生气很明显，因为她们渴望对方来哄自己，并且她们很好哄，而且哄完了也不记仇。

这一系列的性格特征，让很多人都觉得，享受型情感模式的人脾气好。

但那并不是脾气好，而是容易雨过天晴。

C. 随波逐流

很多人把随波逐流当成一个人性格好的表现，其实是一个错误。

随波逐流不是性格好，而是放弃思考。

享受型情感模式的姑娘，在相处之中经常会放弃思考。

很多人可能没有意识到这一点，但你仔细想一想，是不是很多姑娘在恋爱之后，就会突然变傻。

她们很多时候会被男人说服，愿意得过且过，甚至遇到问题后，都不愿意去细想，先拖着再说。

这就是享受型情感模式的特点，在被人安排好之后，会容易丧失自己的独立性和自主能力。

享受型情感模式的人喜欢安逸，喜欢稳定。他们往往心很大，也就是会容易忽略很多细节。他们平时过得好的时候，完全没有居安思危的意识，并不会去想很多不好的东西。他们可以安安稳稳地过着舒服的日子，享受着别人给予的好，不去想别人的坏，也不会去想危险或者将来会发生什么事情。所以我们经常看到的这种没心没肺、日子过得很开心的人，往往都具有享受型情感模式。

享受型情感模式的人，并不是没有思考能力。如果他们独自一人，或者是被迫独立的时候，照样有很强的生活能力和工作能力。

问题就出在当他们有了感情之后，一切都变了。而我们在研究情感模式的时候，看的就是一个人有爱情的时候，他和平时的不同之处。

当享受型情感模式的人有了爱情之后，会变得很依赖他人。尤其是爱人会给他提供好的条件，帮助他安稳下来之后，他会习惯性地放弃自己的独立性和思考能力。

拿若子来举例，她毕业后一想到要租房、要找工作就烦闷不已，当父母给她安排好了之后，她就顺理成章地回家，进了事业单位。由此可见，她对于自己人生的规划是薄弱不清晰的。

当男朋友 A 支持她来大城市时，激发了若子想要独立，想要改变命运的斗志，于是她果断辞职，离开了父母。

但她做出这样选择的前提条件是男朋友给她租好了房子，甚至给她安排好了工作。在整个过程中，若子最大的主动性，其实是“接受”，而不是探索。

所以若子到大城市和男朋友在一起，其实是另外一种“随波逐流”。她接受了男友 A 的安排，没有考虑到其中的风险，也没有过多思考前途的问题，只是顺着感情里的感觉接受了这一切。

男友 A 创业后，越来越没有精力照顾若子，也没有财力可以让若子过上舒服的日子。这时候若子感受到不满，这种不满在其他追求者的对比之下被快速放大。

当若子的心门被商人 B 打开后，商人 B 就接手了若子的生活。他帮若子下决心分手，给若子安排新的工作，为若子铺好路。

原本若子可能需要花很长的时间才能分手，但在商人 B 的推动下，竟然在很短时间内就完成了。

若子就像是一段漂浮在水面的木头，被波浪带动，表面看是有很大的冲击力，但其实这力量都是别人推动的。

若子自始至终都只是在随波逐流而已。

享受型情感模式的这种特性，在很多人看起来，都是一种幸福。

有多少姑娘梦想着断手断脚都可以有人养，希望什么都不想，就有人帮她安排好一切。

其他情感模式的人，可能还会有一些不安全感，觉得别人都靠不住，但享受型情感模式的人，却少有烦恼。这类型的人特别愿意依赖爱人，觉得依赖爱人是天经地义的，这种信任感简直是至死不渝的。

享受型情感模式的人认为整个人生都可以随波逐流，有人安排好，只需要过最舒服的日子就可以了。

这样是不是听起来很美好，看起来也很美好？

可问题就在于，你能看到的永远都是这类人最高光、最美好的时刻，但其他时候呢？

若子这个人生样本的意义就显现出来了。通过长期的观察，我们最终可以看到，这类貌似幸福的随波逐流，其本质究竟是什么。

若子的幸福生活在老公出轨，甚至有了私生子之后才算是一个结束。老公给了她两个选择，但对若子来说，其实只有一个选择，那就是忍下去。

因为若子根本没有想过离婚，她觉得自己已经三十多岁了，不工作也快有十年了，生了两个孩子，又不掌握任何的财产。

她老公久经商场，大部分的资产都和若子做了分割，甚至还想办法借了大笔外债，这都是有若子签字的。

如果离婚的话，若子完全可以想象自己的处境。

没有工作能力，没有钱，没有老公，只有孩子，只有已经养成的骄奢的生活习惯。

这让她怎么活下去呢？

若子的老公早就预料到了一切，所以他给的两个选择，就是一个选择，他断定若子只有这条路可走。

确实，若子也是选了这条路，这条屈辱的、漫漫无终途的道路。

那么，享受型情感模式中这种幸福的随波逐流，其本质到底是什么呢？

其实就是放弃。

享受型情感模式的人，在情感里充分地依赖爱人，这像是一棵树放弃了自己成为树的能力，最后变成一棵藤蔓，靠着依附其他物体而生。

就像若子她看起来很幸福，不需要去战斗，不需要吃苦，也不需要坚持执着和伤痛。

但与此同时，她放弃了独立的能力。

这个问题，一开始是看不出来的，因为当时二十多岁的若子，才辞职没多久，才结婚没多久，和老公感情正好，风华正茂，她怎么会去想将来的事情呢？

可十年之后，等她醒过神来，却已经晚了。她一没有了能力，二也没有了勇气。

从头再来是一句很好的话，可她既然还能选择忍耐，又怎么会去选择从头再来呢？如果她有这个志气，当初又怎么会去依附一个男人呢？

所以享受型情感模式的人，整个人生轨迹是前半程像开了作弊器一样，突飞猛进，人人羡慕。而后半程，许多人开始遭遇巨大的挫折，发觉自己丧失了主动的能力，除了极小的一部分人，绝大多数人都被迫进入了一条全新的人生轨迹——忍耐。

而忍耐，就是享受型情感模式自随波逐流之后的第二阶段。

通过观察享受型情感模式的人生样本，我们发现，忍耐竟然是一个可以训练，并且能逐渐升级的事情。

一开始，你是个特别有底线，特别容易暴躁，特别不能忍耐的人。别人也不会突破你的底线，只是给你各种好处，用环境来麻痹你。

等到你不懂居安思危，以为自己得到的就是应得的，以为安全感满满的时候，终于有一天，发现别人一收力，你就只能瘫在地上，连站立的力气都没有了。那时候你只有求着人扶着你，而你能做的，就只剩下忍耐了。

这时候，对方掌握了全部的主动权，他可以一步步地突破你的底线，最后，连你都找不到自己的底线在哪里了。

D. 爱人出轨率高

享受型情感模式的人，如果放大他们的人生轨迹，会发现有个很特别的地方。

就是他们爱人的出轨率往往很高。

对享受型情感模式的人来说，伴侣如果可以满足他们很多的需求，那么他们就会呈现出很强的忍耐度。

比如说你是享受型的情感模式，你想要的是什么呢？第一个，你的伴侣最好是每个月能给你五千块零花钱，最好每个月能带你出去住两次酒店。

你有这样的需求，然后你的伴侣刚好可以满足你这样的需求。你的老公特别爱出去旅行，特别爱开着车带你去游车河，带你吃美食，等等。这种情况下你就会有很高的忍耐度。

这个忍耐度表现在什么地方呢？你很可能会强迫自己忘记不愉快的地方。比如说你的伴侣身高没达标，但是你会觉得其他地方超额满足了你。他总是送你礼物，然后又经常带你去吃饭，那身高这事你就忘掉了。你强迫自己忘掉了那些不愉快的地方，时间久了，哪怕你们吵架，这些事情你都不会再提起，因为他满足了你很多的需求，以至于你说服自己，把他身上那些不如意的地方都忘掉了。

这就是忍耐度高的表现。

享受型情感模式的姑娘被分手概率会比较大。为什么？因为她们不会去想坏的地方，不关注细节，心也比较大。老公出轨了都不知道，男朋友移情别恋都不知道，男朋友早就想分手也不知道，然后感情出现问题直接跑来哭说：“陆老师，我分手了。”为什么？我也不知道为什么。你看这类人被分手的概率都会比较高。当然这只是个概率问题，我们不是说每个人都会如此。

值得注意的一点就是，往往到最后，很多享受型情感模式的姑娘会嫁得不错。因为拥有这种情感模式的人有一个很强的优势，她能够发现什么样的人是真的能够满足她需求的，然后她就会很明确地选择这样的人，两个人结合之后，她的日子会过得很好。不过，这类人在结婚之后，伴侣出轨的概率也会比别人要高一些。

我们发现，有很多享受型情感模式的姑娘，在发现老公出轨之后都选择了忍耐。我们之前说过，情感模式决定了你在发生糟糕的事情之后，会做出什么样的抉择。所以很多享受型情感模式的姑娘发现老公出轨之后都忍了，为什么？因为她们不想放弃别人对她的好，不想放弃那么多需求被满足的状态，所以只要老公不离婚，她们到最后基本选择了忍耐。

这种忍耐和男人的出轨也有一定的相关性，有些男人出轨是因为他心里面没有恐惧感。他知道你一定会忍，他也就很容易突破心里的界限，所以他出轨的概率就会比较高。从某种程度上来讲，是享受型情感模式的忍耐促进了伴侣出轨的可能性。

享受型情感模式的形成原因

在这一章里，我们要以若子为例，来探讨一下享受型情感模式的形成原因。

我们在研究一种情感模式的时候，并不会武断地认为这种好，或者那种不好。就像是我们把十二星座当成性格分类来探讨时，也不会认为某个星座就是好人，某个星座就是坏人。

我们必须看到，人是繁复的。每个人的心里都有善良的种子，但也有私欲的浸染，人性总是在黑白之间来回游弋。

而人生又是一个长达几十年乃至百年的跨度，我们所谓的好坏，所谓的幸福或者悲伤，往往只是某一个瞬间。

所以研究一个长的时间跨度，从每个情感模式的成因开始观察，才能够形成最客观的评估。

虽然情感模式的种类有限，但每个人的形成原因总是不同的。我们不可能找到每个人的具体成因，只能大致归纳出一些规律性的东西。

可能对你来说，并不是百分百精确，但没关系，我们更重视结果。我们对成因的判断，只供给大家参考。

A. 原生家庭带来的物质期盼和道德约束的背离

可能很多人觉得，享受型情感模式的人，一定都在贫穷的家庭中度过童年的。

其实这是个误解，在我们的长期观察下，发现形成情感模式的原因和家境贫富的关系并不大。如果讲比例的话，可能享受型情感模式的主体并不是出生于贫困家庭。

因为我们这个民族的文化系统实在是太繁复了。譬如说我们有“人穷志不短”的训诫，所以很多贫穷家庭出身的人，一辈子都不愿意随便接受别人的馈赠。

再譬如说，有些父母虽然自己不甚富裕，却愿意给子女尽可能充裕的物质条件，这也奠定了诞生另一种情感模式的基础。

所以，我们观察形成享受型情感模式的家庭环境基础，发现不是贫富，而是在亲子关系中的**物质期盼背离**。

什么叫物质期盼背离？意思是家庭条件其实并不算差，但在物质上对孩子比较苛刻，以致孩子会长期羡慕同伴们的物质生活，而父母却认为这是不对的，甚至用道德的武器来进行管理打压。

这里有一个亲子问题的悖论，我们对此并没有做更多研究，只是提出这样一个假设。那就是，当我们发现孩子对同伴的“有限程度”的物质享受表示羡慕的时候，家长们往往会进行教育，告诉孩子不应该追求更多物质享受。因为家长们认为，这样做，会帮助孩子建立起良好的物质观和道德观。

但事实上真的如此吗？

打比方说，有的女孩平时可以吃冰激凌和糖果，也有不少玩具，这不算是奢靡的享受。而有的家庭则管理严格，不允许孩子吃喝玩乐。但孩子们都处于人际关系中，很难避免会羡慕别人。

羡慕之后并没有获得满足，还会被道德谴责。而在这样的环境中成长起来的孩子，真的会有良好的物质观和道德观吗？

还是那种持久的羡慕会被深埋在潜意识里，在这个孩子的内心中，一直都有种声音，在呼唤他释放欲望，最终彻底地陷入享受呢？

从另一方面来看，如果我们愿意满足孩子们不太离谱的物质需求，只掐断一些不切实际的和攀比的欲望，让孩子不会长期去羡慕别人，更不会把这种羡慕情绪压抑到潜意识之中。这样的孩子难道就一定会道德败坏吗？

在原生家庭里，尤其是在不算贫困的情况下，对孩子欲望的抑制严重扼杀孩子的物质需求，让孩子长期羡慕他人，并被父母进行道德批判。这种教育方法，将会在孩子的内心里埋下享受型情感模式的种子，虽然当时还看不出来，但将来有一天，或许会生根发芽。

拿若子来举例，她的原生家庭经济条件尚可，所以她的生活条件和受教育程度并不差，而父母对她却极为严苛。

若子有兄弟，但家里就这么一个闺女，看别人家对女儿都是百般疼爱，可她想吃零食没有，想要洋娃娃没有，出去春游也没有零花钱。父母永远都在用“小孩子要节约，不能乱花钱”的观念来教育她，告诉她好孩子是不会吃零食、不需要穿漂亮衣服的。

在原生家庭里，父母作为权威和权力掌控者，当然不会被反驳。但问题就在于，当一个欲望被触发之后，它要么被打消，要么被满足，要么被掩藏。

要打消孩子内心升腾起的欲望，只用大道理来教育是远远不够的，这个在很多教育学者的著作中也有阐述。可还是有些家长会认为，只要讲几句大道理，就能让孩子放弃自己的欲望，而这欲望恰恰是周围所有孩子都被满足的。

只能说，持有这种观点的家长太天真了。

我很欣赏一些家长的做法。他们在没有物质条件给孩子买玩具时，就会抽出时间来陪孩子一起做玩具，或者玩游戏，让孩子在别的范围内获得同样的精神愉悦感。这种愉悦感，足以让孩子打消原本的欲望。

但只是凭借几句话，就想要让孩子接受别人都有的东西，自己却不需要有，这实在不够科学。

所以长期来看，若子的欲望并没有被打消，当然也没有被满足，只是被掩藏起来了。

所谓的掩藏，就是被压抑进了潜意识里。

所以若子在后来回忆童年时，说自己不知道多少次告诉自己，以后一定要赚钱。赚了钱就可以吃很多好吃的，可以买生日蛋糕，可以买新衣服穿。

这就是我们说的物质期盼背离。我认为这是一个很典型的享受型情感模式的种子形成期。

阐述这一段内容的目的，并不是建议家长们无限度地满足孩子的需求，事实上过度满足也会带来很严重的原生性格问题。

只是提醒大家，面对孩子的欲望，一定不要粗暴对待。

当然，种子只是种子，真正的情感模式形成还在后面。

B. 成长过程里的习得

我们在讲若子的故事时，曾经提到，当若子怀孕，被骗堕胎，然后离开那个富二代圈子后，她的享受型情感模式才算正式建立起来。

这里会让很多人感到疑惑，一个人决定离开那个享受的圈子，怎么反而会正式形成了享受型情感模式呢？

下面要告诉大家我所总结的情感模式的形成方式。

人们往往认为，原生家庭形成自己的原生性格，所以自己在未来不管变成什么样的人，都和原生家庭有关。

我是很排斥这种想法的。

在对情感模式的研究过程中，我发现原生家庭并不会完全塑

造一个人的情感模式，最多只是埋下一颗种子，而且要在情感关系的一次次体验中，才会逐步正式形成一个人的情感模式。

再经过多次情感挫折，让情感模式获得不自觉的矫正。

需要注意的是，人的情感模式是在不断变化的，当下所确定的情感模式，也只是这个人某一阶段的状态。

所以，我们可以叹息原生家庭带给我们的不幸，但不要接受自己不幸的结果，因为真正的情感模式是在我们的整个人生里慢慢建立起来的。

有多少次的情感连接，我们的情感模式就会被矫正和变化多少次。

譬如说若子，她在原生家庭里，因为长期压抑着自己的欲望，以致潜意识里有很强烈的满足欲望的需求。

她同寝室的那个同学就成了最好的学习样板，只要交到阔绰的男朋友，就能随便吃喝玩乐。在这种样板的引导下，若子完全丧失了判断力，一头就扎了进去。

人的情感模式，很大一部分是习得的，也可以认为是训练的。而训练就会有正向强化或者负向强化。

一开始，若子通过整容获得了很大红利。变美后，男人开始宠着她，给她钱花，这是典型的正向强化。通过这次正向强化，若子觉得自己投身富二代圈子是对的，只要变得好看，就会有男人给她花钱。

这是个非常危险的信号，有不少姑娘就是在这种正向强化之下迷失的，从此变成为了金钱可以出卖一切的人。

很多人可能在想，如果一次正向强化就会让人变成出卖灵魂的人，那从小的家庭教育和道德教育还有什么用呢？

区别不在于正向强化，因为一个人拒绝好处是很难的，重点在负向强化上，也就是在面临挫败时，一个人会如何反思。

若子的变化就来自她怀孕后被始乱终弃，这次负向强化的到来，让她迅速意识到，自己之前所有获得的好处都不是长久的，都是带着随机性和欺骗性的。

而且在这次挫折里，若子终于又受到了自小道德教育的影响。她忽然警醒，如果自己再这么堕落下去，就会成为一个受人唾弃的，可以随意出卖身体的人，这会带来更加惨痛的人生结局。

从这个例子可以看出，亲子教育里的道德教育，如果没有负面强化的影响，其实很难影响一个人的人生选择。但当负面强化出现时，有过道德教育的人，往往会悬崖勒马，而从小缺乏家教的人会不知悔改，从而继续堕落。

所以小时候的道德教育是有用的，这点请谨记。

经历了这次负面强化后，若子才终于建立起自己的情感模式，也就是享受型的情感模式。但同样的情感模式，对于人生也是会有不同选择的。

若子并没有放弃对生活的享受，也没有想要积极努力地奋斗，但她却杜绝了自己成为别人玩物的可能性。

若子选择的人生方向是正经地谈恋爱，正式嫁人，用找个好老公的方法，来让自己的人生回归到正确的轨道。

这种选择是对是错，我们暂时不讨论，只是看这个选择的形成过程。

在整个情感模式形成的过程中，有若子从原生家庭里习得的部分，有对寝室里爱享受的姑娘的模仿，她也同样受到了另外两个同学的影响。若子接受了很多男人的好意，同样也被渣男的伤害狠狠地教育了一番。

整个过程都是习得，也就是我们说的，一个人的情感模式，是在各种情感关系中习得的。

它来自原生，但并不是完全原生的。

C. 随波逐流的本质——让自己过得容易些

什么是人生里的随波逐流呢？都说命运掌握在自己的手里，但实际上，很多人的命运却是被别人推动的。

你身边的亲人、爱人，始终想要决定你的生活，对你施加着各种影响。

最后，你就像身处一条波浪滔天的河里，被波浪不断推着走，最后失去了选择方向的能力。

相信在听若子的故事时，很多人一定会对她的随波逐流和最终屈辱忍耐而感到扼腕叹息。

在观察别人时，我们以上帝视角可以发出一些感叹，但如果你真的身在其中，又能否抽身出来呢？

这个部分要告诉大家，为什么一部分人会放弃思考，随波逐流。因为随波逐流带给我们太多太多的好处，可以说，它把人的欲望、愚蠢和懒惰，都一次性全部满足了。

可能许多人都想不通，为什么若子不靠自己奋斗，而是要一而再，再而三地靠男人。

若子的价值观当然是不对的，但很多人在生活里，并不是靠价值观来指明方向，而是靠当下利益来权衡选择的。

打个比方，当你大学毕业的时候，有两个工作供你选择。一个是月薪一万元，每天工作八小时，钱多事少离家近，同事友善，也没有什么潜规则。

而另一个月薪三千元，每天工作十二小时，进去就是最底层、最压抑、最挨骂的职务，甚至会遇到各种职场问题。

你会怎么选？

毫无疑问，大家都会选择第一个工作。因为好处最多，生活最轻松，而且也没有什么肉眼可见的实际坏处。

好，那现在告诉你，第一个工作是父母帮你安排的，所以比较靠谱，也比较有前途。而第二个工作是以你现在的能力，可以找到的唯一的工作，基本没什么前途，只能混一个温饱，以求将来换工作再发展。

你又会怎么选呢？

除了极少数非常有志气的人，绝大多数人依然会选第一个工作。

毕竟你才刚毕业，没有太大的能力，父母是亲人，不会害你，而且一个好的工作、一个好的起点对你的人生太重要了。

其实并没有错，这种选择是人之常情，从任何角度来看，都是对的。

那再推进一层。如果第一份工作不是父母找的，而是你正在热恋中的男朋友帮你找的呢？

你设身处地想想，你恋爱谈得正开心，你男朋友很关心你，还帮你解决问题，甚至还托了人帮你找了这么好的工作。你有可能不去吗？你当然会去，而且还会把这当作男朋友爱你的证据，会向别人炫耀。

而这确实也是你男朋友爱你的证据，他也没有什么坏心思，就是想要让你过得好一点儿，容易一点儿，起点比别人好一点儿。

于是我们发觉，不管是父母帮你也好，男朋友帮你也好，还是老公帮你也好。在一个好的情感关系里面，我们会非常自然地接受帮助，让自己过得容易一点儿。

让自己过得容易一点儿，这句话听起来是那么天经地义。然而，这就是随波逐流的开始。

因为随波逐流的本质就是，让自己过得容易一点儿。

让自己过得容易一点儿，有什么错呢？并没有错。

但这简单的一句话里，就有人的欲望、愚蠢、懒惰。所以让自己过得容易一点儿，其实已经满足了你的全部欲望、愚蠢和懒惰。

第一次，你想让自己过得容易一点儿。第二次，你还是想让自己过得容易一点儿。一而再，就会有再而三。

若子也不是从一开始就丧失了独立能力的，她在每一个人生的节点，都不过是做了一个想让自己过得容易点儿的选择。

这样的选择错了吗？我们去复盘的时候当然觉得错了。

可是在那每一个节点的时候，你真的可以清晰地辨别吗？

孟子在《生于忧患，死于安乐》中写道：“故天将降大任于是人也，必先苦其心志，劳其筋骨，饿其体肤，空乏其身，行拂乱其所为，所以动心忍性，曾益其所不能。”

读过书的人都会背这段，可真的在生活里，有多少人愿意选择去做这样艰难的事呢？

我们所谓的幸福生活，不就是让自己过得容易一些吗？

这就是享受型情感模式运行的核心基础。

D. 命运的责任转嫁

最后，讲一个享受型情感模式的性格特点，也是性格形成的基本轨迹。

就是命运的责任转嫁。

这是什么意思呢？

简单来讲，享受型情感模式的人都信命，或者说是相信自己的伤痛都是别人造成的。

这是一种不断自我强化的性格特点。

譬如若子，她在学校里，看到同学既漂亮又受欢迎的时候，会埋怨是父母没把她生得漂亮，埋怨自己不是城里人。

等到她怀孕被始乱终弃后，她的情绪得不到疏解，只能不断地咒骂渣男，怪自己命运多舛。

而当她遭遇各种生活琐事，甚至没有办法选择独立的时候，又开始抱怨原生家庭的问题，觉得原生家庭是自己出现一切糟糕情况的罪魁祸首。

这就是命运的责任转嫁。

因为我们每个人都是独立的个体。父母也好，男朋友也好，都没有实际的权利来束缚、管理我们。

我们之所以在情感关系里感觉不自由，是因为我们放弃了自由的权利。这种自由的权利，叫作“损失”。

我在算爱社的课程里曾一再地阐述一个原创的观点：

“自由来自损失！”

你不自由，是因为你不想承担损失。而当你想要容易一点儿的时候，就听从别人的安排，自己就慢慢地丧失了选择和主导的自由。

你因为想要过得更容易一点儿，下意识地放弃了自由的选择权。而一旦自由选择权完全失守，再也没有回旋余地（或者需要损失更多才能从头再来）时，你发觉只能怪自己，但你又不想怪自己。

这时候，“自我心理防御”开启，你开始下意识地怪别人。

如果有别人可怪，譬如父母、原生家庭，你就会怪他们。如果有渣男存在，你就会怪他。如果什么都没有，那最后你只能怪自己的命不好。

这种自我心理防御的开启，让你的情绪变得更容易平复。

这也是享受型情感模式的人总是能够自我安慰的主要原因。

自我安慰和平复情绪当然是好事情。

可太容易平复和原谅的结果是丧失了改变的动力。

我们人类的伤痛，并不是只有负面意义。其实痛苦的正面意义比负面意义更大，那就是推动你改变，推动你去选择正确的道路。

但享受型情感模式的人，因为太容易获得自我安慰，太容易原谅自己，太容易把责任归结到命运和别人身上。所以痛苦对他们能起的作用，无非就是哭几天，找个人抱怨一下。

除此之外，在面对更多、更艰难的动作时，他们竟然全无动力了。

以上，就是我们对于“享受型情感模式”的解析，如果你是这一类，千万不要觉得自己很糟糕。其实所有的情感模式，都有其积极的一面和糟糕的一面。

等全部情感模式阐述完，我们会具体讲述要如何去矫正自己情感模式的负面影响。

Chapter 4

自虐型情感模式

自虐型情感模式的人，是不容忍瑕疵的。任何瑕疵，都代表着腐坏。他们的一切动作都是奔着最坏的结局去的，在情感关系里，他做的是那个想要搞砸一切的人，然后看对方会不会来拯救感情。

你是一个不安公主

在因感情而痛苦的人群中，自虐型情感模式是最常见的。

我们在选择自虐型情感模式的案例时，发现了许多原生家庭迥异，最后情感模式却殊途同归的情况。

所以我们将许多人的人生经历融合在一起，放在一个人身上。如果你们从这个案例上看到了自己的影子，不用怀疑，那就是你人生的一部分。

我们之前提过，情感模式的建立，其实并不是原生家庭的环境和条件决定的，而是由一个人的成长经历和情感关系所推动的。

白妍就是这样的一个典型案例。

白妍的童年其实过得挺不错，她的父亲是公务员，母亲是家庭主妇。虽然她不是出生在大城市，但家境小康，从来不为吃穿发愁。白妍的家庭教育也很好，母亲对她照顾得无微不至，而且在白妍很小的时候就把善良、正直等观念传递给她，希望她建立起正确的价值观。

父亲则会经常带着白妍去很多场合，让白妍看到自己是怎么和人相处交流的。

按理说，这样的原生家庭人人羡慕，教育出来的孩子应该也是内心健康阳光的。

但是有一个关键问题，那就是白妍的父母太爱女儿了。

多爱还不好吗？多少人因为情感忽视，变得毫无安全感，一生都在追求爱，最后变得伤痕累累。

能够有宠爱自己的父母，这是多少孩子盼都盼不来的。

白妍从小就很漂亮，父母害怕她以后会被人骗，所以一而再，再而三地为她建立防骗的“防火墙”。

这个“防火墙”分为几个部分。

首先白妍能获得同龄孩子能得到的大多数物质满足。虽然，她的家庭并不是特别富裕，谈不上奢侈，但新衣服、好吃的、玩具、旅行都不会缺。

白妍基本上不需要羡慕别人，她想要什么，只要看一眼，父母就都会给她买回来。有时候父母只是看到别人家的孩子有了什么东西，都会惦记着买来送给女儿，有时候送多了，甚至还会被白妍嫌弃。

周围的亲戚朋友也和白妍的父母差不多。因为白妍从小就长得漂亮可爱，又在家里受宠，所以总是有人送各种各样的东西给她。在学校里，她也是同学关注的焦点。

这又同时启动了第二道“防火墙”。父母开始不断给她灌输，别人送的东西不能随便拿。对于外人给的礼物和钱，是一定要拒绝的。

这个道理说得多了，让白妍养成了一种抗拒一切赠予的生理反应，但凡别人送礼物，她第一反应肯定都是拒绝。

注意一下，这里的父母教育和若子父母的道德灌输是截然不同的。

若子父母也教育若子不能随便拿别人东西，但另一方面，对若子又十分苛刻，以致她长期处在羡慕别人的心理状态里。

而白妍的父母一直让女儿生活在充裕的生活环境中，让她不需要羡慕任何人，甚至别人送给她的东西，她早就已经拥有。这种情况下，她根本不需要去接受别人的好意。

所以说，亲子教育是一件非常细微的事情，一点小小的区别，对于原生性格的影响都是深远的。

父母再三跟白妍强调，别人送你东西，一定是有所图，而我们家什么都有，你想要什么，都可以直接跟父母要，所以根本不需要拿别人东西。

父母灌输的这些观念，不断在白妍的生活里强化，让白妍一方面形成了拒绝的习惯，而另一方面，什么东西只要她想要，就可以拥有，反而让她慢慢对拥有一些东西失去了乐趣。物质对她来说，已经不再是很重要的享受了。

这时候，第三道“防火墙”又开始了。父母开始告诉白妍，外面是很危险的，有很多很多坏人，他们若对你好，都是有所图的。

坏人很多，坏的东西很多，到处都是危险，所以要谨慎小心。要学会观察别人，鉴别好坏。

这道“防火墙”是很多有女儿的家庭都存在的，就是把家内和家外，分成泾渭分明的敌我阵营。家里是安全的，家外则处处充满风险。

这道“防火墙”对很多家长来说，都是为了保护女儿设置的。但是，其中对于家庭外部世界的恐怖黑暗描述，却严重地影响了孩子的原生性格。

那就是外面的坏人很多，除了自己人，其他人都要小心提防。

以致，这些女孩在建立人际关系和建立情感连接时都会变得非常被动。

很多人在长大后都会疑惑，为什么自己总是不能主动去追求自己想要的东西，为什么始终是被动的。原因就在这里，你从小的教育，在你的潜意识里注入了要留心家人之外的任何人的观念。

所以这类人有以下意识特征：

他们会把所有人分成家人和外人两种，只要归入家人类别的，就无限度地给予信任，完全不防御。而如果是外人，则处处带着审视的目光，甚至是审判。

所以和她们交朋友、谈恋爱是不容易的，需要经过被审判、被审视的阶段。一旦成功地被列入家人行列，就可以随意对待他们了。

以上这个特征一定要记住，这个特征会贯穿自虐型情感模式的一生，许多悲剧都因此而来。

白妍在这样的家庭关系里成长起来，性格里面装满了过度满足和过度警惕的因子。这看似矛盾的两点，却在同一个人的身上并存着。

白妍成绩不太好，但外形出众的她很早就出道了。刚开始的时候，她会接一点儿广告和小演出，日子过得也挺好，但基本上不太能脱离家人和朋友。

有一点要先说明一下，在自虐型情感模式的案例里，家人并不是指有血缘关系的父母、兄妹、子女，而是指被他们当成家人的人，这里当然也包含了朋友、闺密，也包括正式恋爱后的爱人。

白妍虽然长得很好看，但谈恋爱的次数不太多。在中学就有人早恋，大学很多人都在忙着谈恋爱，不过白妍一点儿都不着急，甚至在很多人追求她的时候，她依然没有反应。

朋友曾经问她，有这么多人追求你，你为什么不谈恋爱呢。

白妍回应，我为什么要谈恋爱?

这个回应，代表了一种典型的心理状态，那就是对于情感没有需求。不是因为他们不需要，而是因为他们从来不缺人爱（这不是所有自虐型情感模式的共同特征，只是其中一部分人的）。

而宁可单身，也不敢随便恋爱的人呢？不是因为他们不需要，而是没有安全感，而他们没有安全感的原因根本就是：

焦虑。

一方面因为他们内心对外界的警惕，导致他们对建立全新的情感连接和人际关系很焦虑，不敢轻易建立情感连接。另一方他们其实并不缺情感满足，所以才会单着，没有轻易地恋爱。

这是典型“自虐型情感模式”的焦虑导致的。

像白妍这样成长环境的姑娘很多，一个人在家人和朋友那里获得了足够的情感抚慰，也就没有动力去拓展和异性之间的感情。

这是爱多了，导致不想再多一点儿更麻烦的爱。

白妍就是这样的状态。她有爱她的父母，有各种围着她转的好朋友。

她根本不需要主动去维护人际关系，对男人们的追求也不感兴趣。

但还是有各色男人去追求白妍，他们走马灯一样地给她送花、送礼物。

虽然白妍并没有接受这些人的追求，也没有接受礼物。

可在外人看来，被那么多男人围着，本身就是一种“不正经”。

激烈的追求者和旁人的闲言碎语，都对白妍产生了影响，让她对于外界的风险有了全新的认识。可以说，这是白妍第一次真正独立直面外界的风雨。

这点风雨对很多出身艰苦的人来说并不算什么，可对在温室里长大的白妍来说，简直就是众口铄金，满世界的人都在针对她。

白妍感觉很痛苦，她变得更加宅，除了工作，几乎不怎么愿意出门，平时只和几个玩得好的朋友在一起。

这个阶段，我们可以看出来，白妍的内心是很脆弱的。

很多人可能会说，白妍从小到大都没有经历过什么，怎么会脆弱呢？

恰恰就是因为没有经历过什么，所以才会脆弱。

我们的抵抗力和免疫力，都是来自一次次的伤害洗礼。身体机能是这样的，精神意志是这样的，心理状态也是如此。

我曾看过这样一个科幻小说，作者假想人类的科技已经高度发达，于是人类开始消灭各种致病细菌和病毒，花了很多年的时间，终于把所有的病毒全部消灭。这也就意味着之后出生的人类，将再也不会受到传染病的侵袭。

科学家们本来以为，这会让人类不断延续。可谁料到百年之后，一颗陨石带来了地球外的宇宙中的病毒，这只是非常微弱的感冒病毒而已，但就是这小小的病毒，却导致了人类的灭绝，因为人类太久没有得过病了，已经再也没有抵抗力和免疫力了。

我们的一生也是这样，很多人拥有很好的品质，譬如坚韧、努力、不屈不挠、内心坚定。这些品质都不是某个老师教的，而是在一次次生活挫折的磨砺中自然生长出来的。

也正因如此，我们才会觉得磨难才是成长中最好的老师。

但在我们中国黏稠的亲子模式里，很多家长都迷信口头教育，迷信学校教育，认为一个人的思想素质可以完全靠口头教育就解决。

而另一方面，家长们又极其热衷替孩子排忧解难，帮助孩子扫清困难，让孩子有更高的起点，尽量让孩子不受伤害，保护孩子的自尊心。

父母们认为这是爱，但这就像是那个科幻小说里的科学家一样，短暂的美好之后，带来的却是耐受能力的退行。

“耐受能力退行”的意思就是，本来一个人是可以经历很多磨难，经受住很多痛苦的。承担痛苦本来就是我们天生的能力之一。但由于父母太爱孩子，不想孩子遇到困难和痛苦，想保护孩子的一切，以致自己的孩子会丧失忍受痛苦的能力。

为什么在很多贫苦地区，我们能见到早熟而坚忍的孩子，而城市里很多孩子因为一次考试不好就会跳楼自杀？这就是原因所在。

总而言之，在朋友们看来，白妍是冷静、理性和有头脑的。因为她可以毫不留情地拒绝一个个追求者，而且对于物质世界的利诱毫不动心。

但事实上，拥有超强自尊心且从来没有被伤过自尊的白妍，是极度脆弱的。她的内心像是个瓷器，只能用极端的方式进行保护，否则一不小心就会碎裂。

这就是成长到青年时期的白妍拥有的原生性格。而这之后，这种性格将促使她在各种情感连接里，慢慢养成自虐型情感模式。

白妍一直都没有和男生谈恋爱的冲动与动力，那是不是她就再也不会恋爱了呢？

事实上，大学毕业后没多久，白妍就开始恋爱了。

因为我们很多的恋爱行为，并不是因为自己需要，而是习得的。

白妍的闺密们，纷纷开始谈恋爱。白妍倒是没有什么孤独的感受，只是她觉得自己没谈过恋爱，或许可以一试。

她在想尝试的时候，爱情刚好就来了。

白妍才刚对闺密说，考虑要谈个恋爱，闺密们就把这个喜讯传递到了周围那些等待已久的男生那里。

其中就有一个超帅的男生，迅速出现在了白妍的身边。

这个男生帅到什么程度呢？就像从漫画里走出来的人。

这男生本来就和白妍她们这群姑娘玩得很好，但一直都没有表露出对白妍的心意。这次发现白妍想要恋爱的时候，竟第一个跑出来约白妍。

对白妍来说，谈恋爱是头一遭，她也不知道什么是好，什么是不好，反正有人约就去了。

帅哥靓女的组合确实很养眼，他们才约会了一两次，周围的人就纷纷起哄，说他们是天作之合，必须要在一起。

于是，两个人顺理成章地在一起了。但这段感情，只持续了不到三个月。

白妍第一次恋爱，对于爱情里的甜蜜当然也很满意，但她从来没有想过，爱情还会带来很多负面的东西。

譬如，很多人会夸她男朋友长得帅，而男朋友听后，也总是会很得意。这让白妍很反感，因为她从来不觉得一个人长得好看有什么了不起的，她自己就不太喜欢被人说好看，男朋友一直被人赞美，还为此得意扬扬，让她觉得很尴尬。

另外，在工作上，男朋友总是想着从女性客户身上坑钱，这也让从小有着较高道德品质生活的白妍受不了。男朋友可能觉得自己年轻好看是资本，要努力抓住，只要有中年女客户出现，就会想方设法地去坑她们的钱。白妍觉得，不能为了赚钱，去骗人、去坑人。

压垮骆驼的最后一根稻草，是在夜店里白妍看到男朋友一直被很多姑娘围着，可他居然乐在其中。

白妍突然就想明白了，她觉得和这样的男生谈恋爱，自己和那些主动投怀送抱的姑娘有什么区别呢？

她以前不知道自己想要什么，但那一刻，她至少知道自己不想要什么。那就是不专属于自己的，她绝对不会要，哪怕是被别人染指一点点也不行。

白妍刚开始以为是自己太敏感，过于吃醋了。后来冷静下来想想，发觉这根本不是吃醋，因为她分手后就对那个男人毫无留恋了。如果是吃醋的话，那不是因为爱吗？

我们仔细分析会发现，这其实是自虐型情感模式的一个典型特点：

抗拒情感竞争。

自虐型情感模式的姑娘，非常讨厌情感当中有竞争，所以她们不会和别人抢男人。不要说主动抢了，就算是她们自己的男人，有人来抢都会非常生气。

若这个男人没有非常明确地拒绝别人，甚至还留有暧昧的余地，那么自虐型情感模式的人会断然离开。

她们坚定地认为，需要抢的感情，根本不是真感情。

白妍毫无留恋地和男朋友分了手，这给对方打了一记闷棍。他回过头来求白妍，却被果断地拒绝了。

朋友们其实也不太能理解，因为这帅哥并没有出轨，甚至在别人看来，也没做什么特别过分的事情。

但白妍却很坚定，她不需要给任何人交代，她不开心就是不开心，不开心就可以分手。

之后白妍又有很久没有谈恋爱，直至一个叫子章的男人出现，她才有了一点儿恋爱的打算。

子章是个富二代，但他并不是那种只会吃喝玩乐的富二代。

他虽然家里有钱，但是自己创业，而且还很成功。追他的人当然也非常多。一次朋友聚会的时候，子章遇见了白妍，一见倾心。

他开始拼命追求白妍，这个追求过程，被人称之为“二十四孝式”的追求。

他每天亲自开车，全程接送白妍，也到处找好吃的，送到白妍面前。有任何事情，都不需要白妍说什么，闺密一个电话，立刻就全部办好。

礼物、衣服、鲜花等，都是他求着让白妍收下的。

甚至白妍去工作，他都会全程陪着。剧组的人发现子章比助理还细心，连白妍吃饭他都是全程伺候着。除了需要她自己上厕所，其他什么都不用做。

能让一个高富帅如此无微不至，别人都羡慕极了，但白妍却只是觉得还好。因为这一切，都不是她自己要来的，而是别人主动求着她接受的。

白妍确实也享受这种被人照顾的感受，所以她顺理成章地和他谈起了恋爱。这次恋爱谈了有一年多。

刚开始的半年，子章花所有精力在对白妍好，把在追求期间的努力保持了下去，让白妍挑不出半点儿毛病。

这里有个很奇特的现象就是，一个男人在面对自虐型情感模式的人，比面对享受型情感模式的人时付出的更多。

可能很多人觉得，享受型会享受得多一点儿，其实不然，因为享受型情感模式总是随波逐流，随遇而安，所以她们获得一点点就满足了。

而自虐型情感模式的人，她们不仅要得多，而且还要人猜，还要人以一种不让她们自尊心受损的方式给予。

一个自虐的人，自然而然地会虐人，这是毫无疑问的。白妍对子章可以说态度很差，呼之即来，挥之即去，稍有不满就各种翻脸和冷暴力。

在交往的前半年里，子章逆来顺受，没有半句怨言。

但半年之后，情况略有些变化。因为子章的事业又上了一个台阶，意味着他会比从前忙很多。所以子章找白妍说明，自己要每天加班，一个礼拜要出差三四天，可能会经常见不到面。

白妍毫无异议地接受了，甚至还表现得甘之如饴，让子章好好工作，努力发展事业。

子章以为白妍是真的可以接受，于是全情投入了工作，逐渐地忽略了白妍。

但是，白妍发觉自己之前的待遇都没了，接送、陪伴、送饭、二十四小时保镖等，全消失不见了。

她当然知道这个男人是因为工作而忽略了她，所以白妍是真心觉得自己不能太任性，也在非常努力地压抑内心的不满。

这种自我压制持续了两个多月，白妍在连续一周没有看到子章的时候，终于忍不住想念，给他打了电话。

白妍的电话拨了二十几秒才接通，她问了一句“在干吗”。子章有点儿不耐烦地说“在开会”。究竟是不是不耐烦，现在已经不可考证，反正在白妍的感受里，对方就是不耐烦的。

要特别注意的是，**真实情景和感受情景**有时候是不同的。

所谓的真实情景就是真实发生的事情，客观的，不带任何感情色彩描绘的。哪怕由第三方来表述，依然是这个样子和状态的。

而感受情景是当事人当时的感受。感受情景往往会失真，因为其中掺杂着当事人夸张的情绪和想象。

我们现在无法复原当时的场景，但可以通过假设模拟一下当时的情况：

白妍是带着思念、失落、不满、委屈等复杂情绪打电话给自己男朋友的，她期待的是对方的安慰，甚至幻想对方可以放下一切，立刻来到她身边。

但当时她的男朋友可能正在开会，或者在和重要人物交流，所以没办法立刻安慰白妍。于是他只是随意说了几句，想先挂断，忙完了之后，再和白妍联系。

但问题是，白妍属于自虐型情感模式的人，而具有这种情感模式的人在思考问题时最容易往坏的极端去想象。她的预期在完全落空之后，失落、不满和委屈等负面情绪疯狂暴涨，内心的情绪像是沸腾的水一样占满了思绪。

白妍挂断了电话后，当天就喊来了朋友帮她搬家，并且完全拉黑了子章。她当时觉得，这个男人要么是出轨了，要么就是不爱她了。

不管是哪一种情况，她都必须离开这个人，一秒钟都不能耽搁。

这里可以看到，自虐型情感模式的人有一种极强的自尊心的表达方式，就是在发现有可能被人跟自己分手之前，一定要先离开对方，让对方不可能有先跟自己分手的机会。

这里面，所谓的情感和爱，挡不住一个自虐型情感模式的人，永远把自己的自尊心和情绪排在第一位。而且当他们在被情绪劫持的时候，会陷入一种叫“情绪理性”的状态之中，明明是自己的情绪做决定，但他们所表现出来的却是一种极度的理性和冷漠的状态。

其实在白妍挂断电话后不久，子章就发现自己被白妍拉黑了。但他也没有太过于在意，因为这种拉黑的状态，在和白妍曾经的相处的过程中也经常发生。

白妍只要一生气，子章没有立刻哄，很有可能他就会被拉黑。爱拉黑人也是自虐型情感模式在微信时代的一个显著特点。

所以子章觉得这就是日常拉黑，没有太放在心上，打算找时间回家去哄她。

两天后，子章匆匆赶回家时，才发现已经人去楼空，白妍早就搬走了。这个突然的结果让子章差点儿崩溃，他立刻发疯似的去找白妍，到处去求白妍的朋友。可惜他没有找到。

自虐型情感模式的特点是，只要还在生气的时候，就绝对不会给对方任何弥补和哄自己的机会。所以白妍干脆跑去外地朋友家住了一段时间，就是躲着子章，无论谁来劝，都不愿意见对方，非常坚定和绝情。

白妍的绝情以及子章的痛苦，看在外人眼里，都觉得无法理解。很多人干脆都劝子章放弃算了，甚至还给子章介绍别的姑娘。

白妍这次生气持续了一个多月。一个多月后，她终于消气了，在朋友家也住腻了，她开始考虑下一步。

这时候，白妍发觉自己没有子章的取悦和关心，已经不太习惯了。她对子章的感情一直都还在。她开始考虑是不是要给对方一个机会，这样两个人还可以往下走一走。

但白妍当然不会直接去找子章，她觉得自己太主动，有伤自尊。所以就算喜欢一个人，自虐型情感模式也不会主动表达，她们习惯性的做法是给对方一个暗示，然后看对方会不会主动取悦自己。

总的来说，自虐型情感模式不会表达自己的喜欢，只会表达自己的不快。

白妍做的暗示动作也很标准，她去找了两人都熟识的朋友聊天。电话里，她与那位朋友先是寒暄了一阵，然后装作无意地询问子章的近况。

在这一整套动作里，白妍是有预期的。她的预期就是，自己在言谈中提到了子章，于是这个朋友就会把这次无意的提及告诉子章，然后子章就会主动来找她求复合。这样她在略表纠结之后，可以考虑给对方一个机会。

这一整套的动作和预期，其实非常复杂。如果换作别人，可能根本不相信这种预期有可能实现，因为需要太多的巧合和可能性。

但对自虐型情感模式的人来说，他们坚定地认为这种预期是可以很容易就实现的。因为能和自虐型情感模式相处的人，基本上已经被训练出会看眼色这个技能，能敏锐地发现对方给予的机会，并按照对方的期待主动求复合。

白妍和子章这位共同的朋友的确不负期待，和白妍聊了一会儿，放下电话就立刻给子章通风报信，告诉他白妍可能消气了，让他赶紧去找她。

子章一分钟都没耽搁，马上联系白妍，可结果他还是没联系上。看微信，好像曾被短暂地从黑名单里拉出来过一会儿，然后又被拉黑了。他急忙再去找白妍的闺密，得到的回应是白妍让他永远不要骚扰她。

得到这样的回应之后，子章又蒙了。

为什么会这样呢？

其实原因很简单，白妍在和子章的朋友通电话，询问子章的近况时，那朋友一不小心说漏嘴，透露了有很多朋友在给子章介绍女朋友的事情。

白妍当时并没有追问，似乎根本没有听到或者根本不在意，但实际上，她把每个字都印在了心里。

她迅速决定，把子章永久性地拉入黑名单，彻底地斩断他们继续下去的可能性。

白妍这一整个心理逻辑，如果被子章知道的话，他可能会大呼冤屈。因为他被分手之后，虽然很多人为他不值，想要给他介绍女朋友，但他一个都没有见过，都拒绝了。

别人要给他介绍，他阻止不了，但他都拒绝了，还有什么问题呢？

至于那个朋友，他其实也很委屈，因为他只是说有人给子章介绍女朋友，并没说子章接受了。

但这些事实根本起不到作用，因为白妍根本没有给任何人解释的机会。她做的动作是：**彻底拒绝。因为她在心里已经对片面的事实形成了判断，完全不听别人解释。**

于是这段感情就这样彻底结束了。

用自己的感受来审判

A. 因脆弱而坚强

自虐型情感模式的本质是什么？自虐型情感模式的本质是因脆弱而坚强。

大家都觉得自虐型的人把自己包裹得很紧，警惕性又非常强，有些人像刺猬一样，浑身是刺。这是因为他们的内心很脆弱，极度害怕受伤、害怕失去，所以才把自己包裹得那么紧，呈现出一种高度警惕的防御状态。

绝大多数自虐型情感模式的人，从表面看起来，或者在朋友评价中，似乎和脆弱并没有什么关系。

分析他们的原生家庭，也会觉得没什么问题，甚至大部分人都活在满满的爱里。

那这个脆弱是哪里来的呢？

我们在白妍的故事里已经分析过，这种脆弱就是来自“暖房式的家庭环境”。

暖房式的家庭环境，是家长害怕孩子受伤或者受挫，而选择了过度满足和过度保护。在孩子的成长过程里，家长帮孩子铺好了所有的路，尽量不让孩子受挫，以致孩子在独立生活之前，几乎没有遭遇过大的创伤。

在这种家庭环境里成长起来的孩子，会对创伤产生一种过度恐惧。

所以他们看上去很脆弱。

脆弱来自对创伤的过度恐惧！

所以我们经常看到，家庭环境不太好的人，往往会很坚强，他们遇到困难和挫折更容易挺过去。反而是家庭环境相对较好的人，遇到事情容易被困住，他们患有抑郁症，甚至是自杀率都明显较高。

因为害怕自己受创伤，所以自虐型情感模式的人在遇到问题的时候一般都会有两个选择。

第一种选择是原生的，就是给自己装上各种“刺”，对外界主动防御。别人会觉得这个人不好接近，不容易侵犯，随时随地都有可能会被它刺伤。

这就是白妍一开始的状态，像是刺猬一样，不给人留情面，警惕地面对所有人。

这个时期的自虐型情感模式，往往处于享受被人取悦的底部，并没有经历什么刻骨铭心的爱恋。

如果有自虐型情感模式的人经历了铭心刻骨的爱恋，这种爱恋对他们来说，一定是以惨败告终的，并会促使他们的情感模式最终进入另一种形态。

另一种形态的自虐型情感模式是堡垒状态的。因为受过伤害，又害怕再次受伤，并且对外界已经严重失望，所以用层层的防御将自己包裹起来。

这就像是经历了与帅气男友失败的恋爱之后，白妍开始层层防御，把自己变成了一个大型堡垒。只有非常主动进取的人，才可以攻占她的阵地。

当然，这个形态会导致她们吸引更渣的渣男，我们在之前姚姚和音乐人的案例里已经讲过了。

B. 超强的自尊心

不管是哪个形态，自虐型情感模式最重要的状态，也是最明显的标志，就是“高自尊”。

他们总是会表现出来强烈的自尊心。简单来说，就是什么都可以不要，但面子不能丢。

把自尊心当成自己的底线，并不是所有人的特征。

譬如取悦型情感模式的人，他们在取悦别人的时候，哪怕被取笑、奚落都可以接受；譬如享受型情感模式的人，他们只要能获得自己想要的东西，哪怕这东西是被人赠予的，他们也会安然接纳，不会感觉自尊心被冒犯；再譬如掌控型情感模式的人，他们虽然也有强烈的自尊心，但被触犯到自尊心后，会将此化为动力，努力去扭转败局，让自己又高高在上。

而自虐型情感模式则不同，他们把自尊心当成底线，当成内心最呵护的东西，就像是一个需要小心翼翼呵护的瓷娃娃。所以他们拒绝别人的赠予，拒绝莫名其妙的示好，用拒绝来维护自己的自尊心。

在自尊心有可能受损的情况下，自虐型情感模式最愿意做的事情就是：**逃跑!**

当自尊心受到伤害后，逃跑是自虐型情感模式自我防御的最终形态。

就如同白妍听说有人给子章介绍女朋友的时候，她的拉黑、不见面、不交流，就是一种典型的逃跑动作。

她没有给对方解释的机会，也没有再让自己跨出一步。

因为她感受到了小小的风险，而这个风险会伤害到她的自尊心。所以她宁愿错杀一千，也不愿意冒险一次。

大部分的爱情、物质、取悦，都抵不过自虐型情感模式的自尊心防御。这也是我们为什么总看到具有自虐型情感模式的人在面临选择时，总是会选择拒绝的原因。

这种强烈的自尊心，是形成自虐型情感模式的心理基础。

C. 自虐型拧巴（精神内耗）

想要，但拒绝；愿意，但抗拒；想念，但冷漠；生气，但微笑。

谁对自己好，就偏偏要暴力沟通。遇到竞争，就一定放弃。想要什么都会被满足，可就是开心不起来。

以上这些都是自虐型情感模式的人会做的事情。

自虐的显著标志就是“拧巴”，而所谓的拧巴就是想要什么不但不说，还会做相反的动作。

这在生物体上，是一种很古怪的行为模式。

生物的欲望是一种本能，想要什么就会追寻，获得满足就会喜悦，那么为什么自虐型情感模式会反其道而行之呢？是什么阻止了他们本能的激发？

这同样是因为高自尊这个强烈的心理基础。

他们想要什么，但又不想被别人直接看出他们真的想要，甚至害怕被人拒绝。所以他们宁可先拒绝别人，不要了就不会被拒绝了。

他们明明愿意，但又怕自己表现得太主动，所以反倒是摆出往后退的姿态。可在别人看起来，这就是抗拒。

他们会想念一个人，但绝对不会直接表现出来，甚至在被想念的人出现的时候，都会故作冷漠，以免被人看出自己的想念。

自虐型情感模式的人对于自尊心的保护是非常极端的，甚至会因此而改变正常的情感连接和交流方式。

正常人的情感连接方式，在他们身上变成一种需要抗拒的状态，因为那可能暴露出自己的真实情感。而真实情感暴露之后，会让他们觉得自尊心受损。

所以拧巴和自虐的原因，是一种对情感表达的掩埋。

他们不是古怪，而是不想被人看到自己的情感。

这是一种典型的精神内耗。具有自虐型情感模式的人，往

往在这种精神内耗里，耗尽了自己的力量。

还有一种拧巴，带有强烈的自残性。这也是自虐型情感模式会有的性格模型。他们在面对很好的情感连接的时候，会不由自主地让自己成为悲剧主角，这种行为当然是从潜意识里出发的。

具体动作是搞破坏，就是知道你喜欢什么，但我就是不做什么。知道你喜欢听什么，但我就是反着说。知道这样就会和好，但是一定不会做。

他们的一切动作都是奔着最坏的结局去的，在情感关系里，他做的是那个想要搞砸一切的人，然后看对方会不会来拯救感情。

在很多时候，如果对方拯救了感情，自虐型情感模式的人就会暂时当对方过了这一关，等待下一次的自残。

如果别人没有拯救感情，自虐型情感模式的人就会觉得自己早就了然一切，果然你不是那个爱我的人，幸好被我发现了。

自残，然后原谅自己的自残，是他们经常会出现的痛苦状态。

D. 极端性格

极端性格是自虐型情感模式的一种情感表达方式，表现为不接受、不承认，也不愿意表达中间选择。好与不好，爱或不爱，都要清楚明白。

我们都知道，人是复杂的，情感也是复杂的。譬如说，一个人在刚开始恋爱时，一定会高度取悦别人，而在感情稳定期，往往没办法一直那么关注对方，可能会偶尔忽略，这都是正常状态。

但对于自虐型情感模式，是完全无法接受的。他们只接受最极端的状态。

你第一天对我有多好，以后每天都必须那么好，有一点儿不好就代表不爱。

你喜欢上了我，那么就一点点看别人的机会都没有，但凡精神上有一点儿瑕疵，就必须分手。

他们认为，在这个世界上，要么是好人，要么是坏人，一个人只要一点儿事情没有做好，就是坏人。

自虐型情感模式的人，是不容忍瑕疵的。任何瑕疵，都代表着腐坏。

以上这些心理逻辑，并不一定精确，但在许多具有自虐型情感模式的人身上，都会有不同程度的体现。

所以，理解他们的极端性，对于理解他们的性格非常重要。

极端悲观

悲观是人类常有的心理状态，但自虐型情感模式的人，却经常会表现出极端的悲观。这种极端的悲观表现为，一件事情还没有发生，就已经判定一定会失败。和一个人还没有建立感情，就已经判定一定会分手。对一个人还没有足够的了解，就已经判定他一定会出轨。

这个世界上，没有永远的完整，没有永远的忠诚，没有永远的一致，那就都是不对的。

自虐型情感模式的人总是把什么东西都往坏了想，不愿意接受好的希望和好的结果。

这一点儿也很容易理解，因为他们害怕被伤害，不喜欢失望。所以说，如果从一开始就是极端悲观的，不会有希望，自然也不会有失望。如此一来，他们就成功地实现了自我防御。

所以很多自虐型情感模式的人很不容易相处，因为他们的悲观性会传递出太多的负能量。这就需要和他们相处的人拥有巨大的爱的能量，不然其他人就会被负能量吞没，最后只能被推开。

极端被动

具有自虐型情感模式的人，大部分的时候不会主动提出要求。

比如有些姑娘有什么需要，也不会跑去跟一个男人主动提出要求。她们能够自己解决问题的时候就自己解决了。她们能够找闺密解决的事情，就不找男人。这是大部分自虐型情感模式的人的一个心态。

比如在爱情里面，她们更希望自己的需求被人主动发现。就是最好别人主动来帮她，甚至还求着来帮她。其他情感模式的人可能会主动提出，你帮我把这个东西拎到这儿，你帮我买个什么东西。但自虐型情感模式的姑娘并不会这样，她会观察对方有没有发现自己今天拎不动这个东西，如果对方没有发现，她就会自己拎着，直到对方能发现的那一刻为止。

如果她明明遇到了困难，有被帮助的需求，如果对方想不到，反而要她提出来，这样她就会觉得没有价值了。

若希望别人主动送一份礼物，每个月订一束花，都需要她提出来，这还有什么价值呢？当然是要对方主动去做，才是有价值的。这就是自虐型情感模式的一个特点。

如果伴侣能够满足自己的各种需求，自虐型情感模式的人会在内心欢喜，却把自己的情绪掩藏起来。伴侣如果没有主动满足自己的需求，自虐型情感模式的人会生闷气，但也不会充分地表现出来。

高兴的时候他们也只是掩藏在心里，可能偶尔会表现一下，但是不会像享受型情感模式的人或者其他几种情感模式的人，把心情表现得那么淋漓尽致。在亲密关系中，他们越是爱对方，越是会掩藏自己的情绪。

自己不主动表达，但是对方会懂，能猜透自己的喜恶。自虐型情感模式的人认为这样的人才有和自己在一起的资格，但不会觉得非他莫属。

因为这种极端被动的性格存在，所以具有自虐型情感模式的人，除非很招人喜欢，会吸引很多主动的追求者，否则他们单身概率很高，单身时间也会更久，最后只能靠运气脱单。

极端警惕

当具有自虐型情感模式的人的爱人，流露出一丝一毫的冷淡，他们都会有强烈的警惕心，感觉对方对自己已经不好了，他们就要提前离开。

所以，不管什么时候，自虐型情感模式的人都怀疑人性。他们认为每一个人都会变，所以随时随地都做好了准备，去面对这种尚未发生的变化。

爱人给他什么好处，或者突然之间示好，他们都会想一想其中的原因。明明前几日还平平淡淡，忽然间开始对他好了，好端端地买个礼物，他们会为此想很多。

具有自虐型情感模式的人会对各种帮助和赠予有警惕心，一旦对方对自己特别好，会不自觉地产生这样的心理，觉得亏欠了对方。这就和享受型情感模式的人不同，享受型情感模式的人是别人献殷勤的时候，他会很高兴，你们都对我好就行了。自虐型不是，自虐型会有警惕心。

自虐型情感模式的警惕感，来自原生家庭的教育，因为从小就被告之外界很危险，坏人很多，所以对于别人的取悦、示好，都觉得要小心，别人一定是有所图的。

在任何情感连接里，其实所有人都会有所图，如果不图你这个人，那为什么要主动呢？但自虐型情感模式的人并不会接受这个理由，所以他们往往会被隐藏性极强的渣人搞定。

为什么极端警惕的自虐型情感模式，反而会容易被渣人欺骗呢？

因为正常人一般不会掩饰自己的欲望，他们喜欢一个人就会直接表达。而越是渣的人，越是会隐藏自己，越是显得云淡风轻，并在云淡风轻的掩饰下积极主动。而自虐型情感模式的人，就是非常吃这一套。

E. 受情绪控制

一个人被情绪控制，其实和情感模式没关系，很多人都容易受情绪的影响，这是一个人的情绪管理能力的问题。

但具有自虐型情感模式的人在被情绪控制时，有两个典型状态会比较显著（比较显著的意思是，这两个典型状态在别的情感模式里也会出现，但自虐型情感模式会更加显著一些）。

情绪冷静

“情绪吞没”和“情绪冷静”，是我们长期研究之后创造的词汇。简单地说，情绪吞没的意思是，当你遇到外界刺激，情绪迅速升高，你的大脑被情绪充满，理性思维系统丧失作用，无法理智的思考，最后在情绪之中做出各种决定。也被称为情绪劫持。

你的所有理性思维系统都被锁定，情绪控制了你的大脑，让你执迷于一个事情，一个角度，无法自拔。

而在情绪吞没的过程中，自虐型情感模式往往可以以一个非常冷静、理性、客观的心态做出各种决定。这个状态是非常迷惑人的。

所以很多人会觉得，自虐型情感模式的人理智清醒，做的决定都是理性的决定，一旦分手也是想好了的。

这都错了。

情绪冷静的意思是，人们在经历重大创伤事件后，会表现出极度理性的状态，做事很有条理，说话具有一定逻辑性。但这是一种伪装的理性状态，事实上，人们还是处于情绪劫持之中，是情绪推动她们伪装冷静来处理问题。

譬如有些女性在和丈夫吵架后，会一夜之间拟定离婚协议，要求立刻离婚，过程显得非常理性。但实际还是在情绪当中，情绪过后依然会后悔。

因为她们只是表演冷静而已，这种冷静理智的态度，是她们的自我防御系统开启后的结果。

而她们在情绪冷静期中做出的所有动作，还是一种情绪吞没带来的后果，依然是冲动的、感性的、不理智的，甚至是自我伤害的。

所以，面对自虐型情感模式的人，千万不要被其表面的情绪冷静状态欺骗了，他们只是用“法力”强迫汹涌的情绪不外现而已。

感受情景

另一个典型性特点就是感受情景。这在前面已经讲过了。

自虐型情感模式的人很容易将自己的感受当成现实，并把感受演化成实际结果。

譬如说，他希望一个人做点什么，但对方说了一句表示为难的话。其他情感模式的人，可能还会等待对方最终的结论，或者会努力争取一下说服对方。

毕竟人和人的交流过程中，很多人都希望先表达一下为难，然后再答应接受，以显示自己付出了很大代价，让人情显得更扎实一点儿。

这是人际交往中的一种原生态技巧（并不需要学习，很多人天生就会）。

但自虐型情感模式的人，当发现对方表现出为难时，会直接认定这就是拒绝，并且演化成对方已经拒绝的既定现实。

对方一为难，那就是拒绝了。

对方一不接电话，那就是出轨了。

对方一有点儿变化，那就是有别的感情了。

这种逻辑推演，其实是没有任何道理的，只是某个闪现的细节，就直接导致了一个确定性的结果。

自虐型情感模式的人会把这认为是自己的第六感，并且拿其中几个验证正确的案例来增强其准确性，但会自动忽略绝大多数验证不正确的情况。

如果将这种逻辑拆开进行理性分析的话，其实从细节来进行结果确认，它并不是第六感。那它究竟是什么？

是自虐型情感模式的人看到了别人的一个交流回馈，这个交流回馈让他有了一种情绪感受，然后他就会直接用这种情绪感受来进行悲观性推定，最后确定为一个最坏的结果。

这就是典型的感受情景。

用自己一瞬间的感受，给别人"判了刑"。

Chapter 5

掌控型情感模式

什么是人生？人生不是一个按理想的图景刻出来的模板，不是只有一个最巅峰的选择，不是只有功利主义的好和更好。真正的人生是在自我愉悦中进行独立地选择，从而走出来的道路。

一个名叫掌控的魔鬼

简里是一个小巧玲珑的女孩，身高不到一米六，典型的南方女生长相。

相信很多人看到简里的第一印象和我一样，就是觉得她软萌可爱，人畜无害。

但没有人想到，她竟然是一个对感情和生活掌控到极致的人，甚至这种掌控给自己、给身边的人都带来了痛苦。

来向我们求助的简里，原本是一个公司的高级主管，事业上挺成功的。当时她正打算和几个朋友一起创业，做自己的品牌。

当你听到她对于事业的规划和理解的时候，会惊叹这么小的身体里，竟蕴藏着巨大的能量，好像她对于未来的每一年都很有计划，而对自己走的每段路，都有着清晰的打算。

这样的人，在感情上又会有什么问题呢？

简里诉说的故事，让人瞠目结舌。

她和人谈恋爱的方式，被称为**“索命式恋爱”**。不仅要求对方随时随地开着位置共享，而且要对方毫无隐私，朋友圈里也不允许有异性。

如果对方有一点点的“忤逆”，她则会拳脚相加。在生气的时候，会把对方重要的资料都删除清空，重要物件都烧毁掉。

以致她交往过的男朋友都多多少少患上了抑郁症，最后以非常痛苦的分手为结局。

简里讲述了几个男友的情况时，她表现得很痛苦。虽然在所有的恋爱过程里，都是她在折磨别人。简里也清晰地知道，自己的行为是不对的，而由此带来的结果，同样也是她不想要的。

简里希望找到改变的方法，希望自己不再是那个像恶魔一样的人。

为什么看起来软萌可爱的简里，会在感情里会变成这样一个“恶魔”呢？

是什么让她完全无法控制自己的日常行为？

让我们先来看看简里的人生历程。

简里出生于南方某城，母亲做点儿针头线脑的小生意，父亲是做工程队的。童年时候，她的生活其实过得还算可以，至少物质条件上，并不会比别人差。

但实际上，简里的日子很痛苦，因为父母总是在吵架。严格来说，是她母亲一直在对父亲咆哮。

简里的母亲来自“火锅省”，身材娇小但脾气急躁。简里的父亲是本地人，老实巴交的，看上去就是个实实在在干活儿的人。

简里母亲脾气很差，动不动就会发火，一发火就指着丈夫的鼻子一通斥责。如果我们把这个叫作暴力沟通的话，那他们每天都在暴力沟通，甚至是除了暴力沟通，再也没有别的沟通方式了。

而且这种暴力沟通还不只是动嘴，简里母亲还喜欢动手。吵架着急的时候，手边有什么东西，就扔什么东西，甚至好几次，简里都见过母亲直接抽父亲耳光。

为什么母亲这么暴躁呢？因为简里的父亲经常不在家。简里的父亲以前是泥瓦匠，后来学人做工程，倒也在朋友的帮衬下，自己拉起了工程队。

但做工程的人，长期在外，有时候一个月要在外面待十几二十天，而且在做工程的老板圈子里，风气往往不太好，有吃喝嫖赌的，有包小三、养二奶的。简里的母亲听说过的工程队的情况，很是担忧。

所以简里的母亲觉得自己老公迟早也是要走这条路的，就变得分外暴躁，全方位地管理老公，恨不得在老公身上装个监视器。

譬如说简里读初中的时候，有一次父亲出差了一个礼拜。周末的时候，简里的母亲打老公电话没打通，那天晚上就算是过不去了。简里的母亲先是抱着简里大哭，说爸爸不要简里了。然后迅速召集起所有的亲戚朋友，连夜包了辆小巴，赶到老公在外地的工地去“捉奸”。

最后当然是没捉到，老公和人打了个通宵麻将而已，但闹得很难堪，简里的母亲把整张桌子都掀到老公的脸上，让他在众人面前大失面子。

这出闹剧之后，亲戚朋友也劝简里的母亲，说她老公一看就是老实巴交的人，怎么可能会出轨呢，还不如好好过日子。

但简里的母亲不肯听，她每天都在打探别人出轨的消息，然后臆测自己老公也肯定不安分。不管老公是不是拿钱回来，是不是每天都早请示、晚汇报，她总是焦躁不安地管理着老公，怎样都不信，怎样都要吵架。

最终，他们离婚了。

那是简里刚刚上高中的时候，有一天父亲回家说自己爱上了别人，要和简里的母亲离婚。父亲说得很平静，像是在说一件无关紧要的事情。

简里的母亲当然暴怒，拿起手上所有的东西砸过去，不断地抽老公耳光。

简里的父亲一声不吭，任凭简里的母亲怎么打都不还手，但也不松口。他最后离开家的时候，只带走了几件衣服。

简里那时候已经很懂事了，她默默地旁观了一切。

接下来的日子，简里的父亲迅速去法院起诉离婚，而简里的母亲则进入了挽救婚姻的执迷状态。她先是撒泼打滚儿，然后寻死觅活，到处找亲戚朋友围攻老公，死活咬定非要让这男人净身出户，到最后居然想出了让简里跪死在父亲面前这种点子。

简里的父亲就像是已经计划了无数年一样，不紧不慢、按部就班地把流程都走了一遍，没有丝毫犹豫，也没有丝毫留恋，不管老婆要什么都给，不管老婆骂什么都接着。

半年多之后，简里的父亲净身出户，再也不回老家。他没有包养什么情人，和一个工地上做饭的农村女人结了婚。很多年后，简里问父亲的时候，父亲只说了一个理由：安静。

但简里母亲的内心永远都没有平静，她折腾不了老公了，就开始折腾简里。告诉简里她有多苦，劝她不要考大学来跟自己做生意，不断提醒她别谈恋爱，男人太不是东西了。

所以简里整个高中都在崩溃和折磨中度过，她在高三那年拼命读书，唯一的想法就是逃离母亲，逃离老家，逃离那个逼走了父亲的家。

她最后成绩一般，考了个二本，但确实顺利地离开了家，来到了大城市读书。

简里的整个原生家庭，简直就是一个婚姻生活的反面教材。如果按照人们的理解，一个出身于此的人，必然会知道暴力沟通和不信任带来的恶果，所以肯定会经营好自己的感情生活，尽量不要出问题。

但我们在长期的案例跟踪里发现，事实恰好相反。

越是这类家庭出来的人，越是不知道该怎么和人沟通，越是在婚姻恋爱里，容易变成那个情绪输出暴力沟通的人。

好像原生家庭的一切，都会在他们身上重演一次。

在大学里，简里并没有很快谈恋爱，她一进学校就拼命读书，拼命学东西。她好像对什么都没有信心，只希望自己变得更好，可以改变自己的命运。

简里经常对室友说，这个世界上什么都不靠谱，只有自己强大了最靠谱。什么都靠不住，只有自己赚钱才是最靠得住的。

所以当室友们纷纷开始谈恋爱时，简里则一边读书，一边打工，有时候甚至还要打两份工。

大学的前两年，别人可能分手都好几次了，而简里则是考了两个证，还存了一万多块钱。

本来以为整个大学也就这么度过，简里的心思基本都放在以后怎么发展上了。没想到大三的时候，她在社团活动的时候，遇到了一个大二的学弟。

学弟长得高高帅帅的，是他们那一届的风云人物，平时也有不少姑娘围着他转。但学弟自从见了简里后，就有点儿挪不动脚步。

倒不是简里有多好看、多迷人，而是她那种心无旁骛地读书打工，对帅哥根本不上心的样子，让学弟觉得与众不同。

于是学弟开始追求简里。

简里只是心无旁骛，并不是讨厌谈恋爱，有个帅学弟追求她，她也没有什么抵抗力。不到一个月，就和学弟谈起了恋爱。

谈恋爱的过程里，简里依旧保持着自己兼职打工和读书学习的节奏。而日渐忙碌的日子让学弟不太满意，觉得简里留给恋爱的时间太少了。

为了安抚学弟，简里用自己打工赚来的钱给他买了不少的礼物。学弟对于礼物倒是从不拒绝，一个学期下来，也花了简里不少钱。

放暑假的时候，简里懒得回家，打算留下来打工，而学弟则心血来潮要和人一起创业，开摄影工作室。

简里本来就有点儿嫌弃学弟平时不思进取，现在突然有了要赚钱的心思，当然是要支持他的。于是简里用自己的积蓄给学弟买了摄影设备，这一次，基本上把简里的钱花光了。

学弟的摄影工作室并没有发展得如火如荼，他说做摄影师的，懒点儿也没关系。一开始，工作室还有个合伙人，但一个暑假还没完，合伙人就撤了。

简里没办法，只好自己去帮男朋友打理工作室，这才将工作室勉勉强强地撑了下来。

新学期，简里获得了一个出国去当一年交换生的机会。这个机会对她当时的学校来说是很难得的，而且名额也只有一个。简里年年都能拿最高的奖学金，一直深受学校好评，这个机会才落到她的头上。

同学里有很多嫉妒她的，觉得所有好事都被简里占了，最帅的学弟是她男朋友，当交换生的机会还是她的，她简直就是人生赢家。

但简里却陷入了烦恼之中，因为她生活里最重要的两个人，都不同意她去当交换生。一个是她男朋友，男朋友的理由很直接，他们两个感情正处于稳定期，如果简里出国一年，感情就没办法继续下去了，异国恋可不是那么好谈的。再说了，他们的摄影工作室才刚刚起步，如果简里出了国，那等于就要关门大吉了。

简里的男朋友是这样，母亲也是这样。听说简里要出国，做母亲的非但没有高兴，反而每天紧张兮兮地给简里打电话，力劝她别出国。

虽然母亲没有明说是为什么，但简里心知肚明，母亲就是怕她出国后一去不复返，只留自己在国内，孤独到老。

简里当然想出国，可男朋友和母亲都反对，相当于她身边的人都反对，这让她感受到很大的阻力。简里思量再三，最终还是放弃了这个机会，把交换生的名额让给了别人。

简里觉得，自己为家人和恋人牺牲了这次机会，他们应该心怀感恩。可没想到那两个人都没有把这当回事。母亲觉得不去就对了，出国没什么用，还要花钱，根本就是瞎耽误工夫。而男朋友则更夸张，他除了偶尔拍拍照，把杂物、修片、接待等全部工作都交给了简里，自己整天在外面瞎玩。

简里想鼓励他好好努力，可这男人却说工作室反正也赚不了多少钱，还不如多认识点儿人，拓展人脉。

简里只好自己苦苦支撑，她以为时间长了，男朋友就会慢慢懂事，到那时，他们自然还有希望和机会。

没想到希望没等来，却等来了这男人的出轨。一次偶然的机会，简里正巧看到男朋友走进学校旁边的一个酒店，她顿时警觉地想到了从前母亲去捉奸的那一幕。

于是，她没有声张，就悄悄地在酒店门口等了几个小时。最后等来的，是男朋友和一个曾经拍过的模特儿从酒店里走出来。

简里愤怒地冲了出去，场面极为尴尬。那模特儿迅速溜了，而男朋友根本不承认自己是出轨，还说是给人拍照。问题是，他连相机都没带。

简里冲回工作室，觉得一切都太可笑了，她放弃了出国的机会，她为他投入了辛苦兼职几年的存款，她以为自己爱的人是可以信任的，但现实却给了她一记耳光。简里砸光了整个工作室的东西，那是她辛辛苦苦一点点拼凑起来的，她花了无数心思并且寄予厚望的未来。

把东西砸完后，简里断然和男朋友分了手。虽然那个男人颇有一些悔意，千方百计地想要复合，还“买通”了简里的室友帮忙。可一直到最后，那些鲜花、烛光和烟火，都没有让简里有半丝犹豫。

在大学剩下的时间里，简里以十二分的精力投入到了兼职赚钱和读书之中，好像她要把自己所有的损失，都从中弥补回来。但和从前的不同之处在于，她又给自己增加了一个努力的方向，那就是要用一年的时间准备，考到国外去。

注意：

这段感情，对于简里的情感模式塑造是很重要的，起到了承前启后的作用。

简里在原生家庭里看到了父母之间的情感纠葛，也看到了母亲的处理方式，但这一切都只是看到而已。在她自己还没有展开情感的时候，她实际并不会想到，这些事情都会原模原样地发生在她的身上。

我们说情感模式具有习得性，那么习得这个动作只是看和学吗？一个明显带来坏结果、坏印象的行为习惯，谁会主动去学习呢？

所以我们长期观察案例，发现这些负面行为的习得，都是在耳濡目染之中被埋藏进了记忆里，如果没有特别的经历，一般不会被启用。

许多启用负面行为的转折点，都是经历了一些“创伤”。

创伤，让你把记忆里的源自父母的负面行为，变成了自己的行为习惯。

所以从这种意义上来说，习得性的负面行为，是一种个人自我防御系统，是在创伤里为了自我保护而逐渐成形的。

简里化悲愤为动力，每天只睡几个小时苦学英语，终于在大学毕业后没多久，就拿到了一个英国学校的奖学金。这一次，她连母亲的阻拦都没听，自顾自地出国了。

简里的想法很简单，过去的经历已经证实了，这个世界上什么都不靠谱，只有自己强大是最靠谱的。

在英国的两年，简里并没有正式谈恋爱，但依然是有情感关系的，而且还有两段。

简里刚到英国和一个男生合租了房子。这也是国内去的新学生，年纪比简里小一点儿，看上去不是很成熟，胆子也小。

简里感觉这个人还比较老实，于是就开启了合租生活。

在国外，异性合租的情况并不少见，简里刚开始没打算和老实的小男人发生什么，何况简里很快就在学校里又遇到了自己心仪的男生。

简里喜欢的这个男生叫李，是亚裔，比她大五岁，是个非常有天赋的学霸，当时正在英国读他的第二个博士。

因为简里的专业和李有所重叠，所以简里经常会去请教李。一来二去，李扎实的学科基础和广博的知识，以及展现出的聪明才智，都让简里为之倾倒。

在李的身上，简里确定了自己喜欢的类型，就是那种成熟、聪明，看起来无所不能，可以让她崇拜的男人。

简里因为崇拜李，竟然在一瞬间扭转了思维，天天想着怎么讨好对方。

在一次酒后，两人顺理成章地发生了关系。正当简里认为，自此就可以确定恋爱关系的时候，李却直接表明了这就是一夜情。

简里内心不情愿，可还是不得不接受了，她担心自己若是表达得太过度，可能和李连一点儿可能性都没有了。

于是两个人还是像没事人一样地相处，偶尔还会发生一下关系。几个月过去，简里终于忍不住，向李表明了心意。

李告诉简里，自己和她对于爱情和婚姻的看法完全不同，他并不打算在一段被占有欲所控制的爱情里待很久。

李说了一段话，可以被认为是“海王”的理论基础。

你们嘴里的爱情是什么？不过是人类由私欲和占有欲编织起来的美好谎言而已，明明是为了让自己独占另一个人的情感和肉体，却为之涂抹脂粉，不惜编撰各种伟大的故事。但说到底，爱情不过是一种自私而已。

感动、喜悦、满足、高潮，这些真正美好的东西，都不需要独占就能完成。我们为什么要那么自私？为什么要为这份自私穿上最美的外套？自私会让美好变得更美好吗？并不会，它只会摧毁所有的美好。

所以爱情一定会有可怕的结果，因为爱情本身就是一种可怕的结构。是从人性中的恶里开出花来，你说那叫美艳，我觉得那只是毒药。

李的这些言论，逻辑严密，难以辩驳，一层层地给简里洗脑，让简里竟然接受了李的价值观，并和李开始了一段她也说不清是不是感情的经历。

这段经历大概持续了一年的时间，简里还是日常讨好他，只为了让李愿意经常和她见面约会。其中过程自然是十分辛酸和苦痛的，但简里无论如何也甩脱不开这个境况，她觉得自己是太爱了，只能这样下去。

原本以为这段噩梦一样的单恋会永无尽头，但猛然之间，简里竟清醒了过来。

那是一个在李家里的聚会，很多朋友在一起玩，也喝了很多酒。李当众和简里亲吻起来，然后把她往房间里带。

在那么多人面前，简里虽然有些害羞，可她又觉得，这可能是李在公开他们的关系，说不定这次之后，她就能迎来一场甜美的爱情。

简里乖乖地进了房间，然后门外走进来的，居然不是李，而是李的朋友。

李的朋友说，是李把今晚的简里让给他了。

简里目瞪口呆，整个人蒙了，开始咆哮起来。这一闹引得外面派对的人都进来围观。简里的表现让李很生气，觉得简里像是个庸俗而世故的女人。

简里发疯一样地跑回了家，锁上房门后，才开始号啕大哭。这一夜的悲伤，让简里终于彻底地明白过来，她和李是不可能的，而之前所有的经历，只不过是她的一场幻想而已。

再回过头想想，她所经过的每一天，都是无比屈辱，毫无尊严的。

我认为，情感模式的逐步建立，是对原生家庭埋下的种子的滋养过程。那颗种子在一段段的情感连接里（或者模拟情感连接，也就是幻想里）发芽、成长，最后变成了一种形态。这种形态有可能是原生家庭的一种变形，也有可能是一种继承。

但创伤，一定是促使情感模式成型的养分，并且让许多人的恶念也随着种子一同滋长。

同样的原生家庭，却会带来不同的情感模式，也会带来不同的价值观和生活方式，这是为什么呢？

除了成长过程中的知识结构和人际关系，其实最重要的，

就是“创伤程度”。

同样的原生家庭，有些人在成长过程中遇到了许多许多的爱，被关爱、被呵护，于是变成了一种性格。

而另一些人，遭遇了许多创伤，并且没有办法自我疗愈、自我解脱，于是只能用内心的“恶念”来进行防御。于是恶念丛生，行为开始变形。若干年之后，变成了一个黑化的人，而自己却全然不知。

简里就是这样。

她在这次创伤里获得了什么呢？

我在复盘人生的时候分析，大致是两种东西。

一种东西是正向的。简里明白了自己喜欢的人是什么样的，但自己并不需要这样的人，或者说，自己不应该去喜欢这样的人。

这个结论，让她在未来的很多年里，都会远离成熟、年纪大，让她崇拜的男人。

这是掌控型情感模式的人在逐渐成熟的标志，也是掌控型情感模式和别的情感模式不同的地方。这种情感模式的人在经受创伤后，是会让自己刻意躲避的，而不会一次次地继续陷进去。

另一种东西是负向的。那就是连续的创伤，让简里对于男性产生了极度负面的观感。这种因创伤而来的观念扭曲，让简里从实际上开始认同自己母亲的行为。

也就是说，她小时候觉得，母亲对父亲的行为是不对的，是错误的。但在经历了两段情感创伤后，她已经不自觉地认为，母亲的这种行为是有一定道理的。

从这时候起，简里其实已经慢慢地成长为自己的母亲。

简里其实是个挺强势、挺独立的姑娘，至少合租的那个小男孩觉得简里就是个自强独立的女孩，是特别大女人的那种。

而那天晚上，他听到了简里的号啕大哭，担心了一夜，但又不敢去打扰简里。

第二天早上，简里打开房门，看到了小男生给她做的一桌早餐，似乎是在安慰她。

简里最痛苦的那段时间，是小男生一直陪着她，虽然并没有说什么，的确他也不懂该说什么。他好像最擅长的就是做各种美食，然后陪着简里喝酒。

整整一个月的时间，简里才从地狱般的日子里走出来，她也感觉到，小男生有些喜欢她。但小男生其实不是简里喜欢的类型，除了外形还可以，他性格上太软弱，又不是很男人，年纪又小。简里觉得自己玩玩还行，真要恋爱是不可能的。

但说不感动也是不可能的，毕竟对方在自己最灰暗的时候，给予了很多关心。对女人来说，哭泣时的陪伴，是最容易滋长情愫的。

所以简里总是纠结要不要和他的关系再进一步。

一次酒醉后，简里和小男孩发生了关系。酒醒之后，确实有点尴尬，她也没明说和小男孩是什么关系，但两个人就这么同居了。

接下来一年的同居生活，对简里来说是非常舒服的。因为小男孩太会照顾人了，他不仅会做饭，还会做家务，还无微不至地把简里的方方面面都照顾得很好。

简里从小就是个很独立的人，还没有被人这么温柔地照料过，她过的简直就是衣来伸手、饭来张口的日子。

但在这样的日子里，简里的内心依然是焦虑和躁动的。她虽然没有那么喜欢小男孩，但在被照顾的生活里，已经将对方视为自己的所有物。

既然是自己的所有物，当然就是不能让人碰的，再加上之前的两段情感创伤，她更加不想在小男孩身上也摔跟头。

所以她对小男生进行了全方位的监控，这种监控不仅是在自己的生活里，还完全地侵入了对方的社交圈子。譬如她会问清楚小男生的同学里有多少女生，平时学校里有什么人对他有好感，等等。

然后她开始禁止小男生的异性社交，并且会看小男生的手机，各种聊天软件，还会指定删除认识的人。

这样的生活持续了很长一段时间，虽然简里还是时常焦虑，可总算比从前几段恋爱好了很多。

很快，留学生涯要结束，简里打算回国，并且要求小男生也跟她一起回国。

这次，言听计从的小男生居然开始了反抗，原因是他的学业其实并没有完成，如果此刻回国，那就是半途而废。

简里本来也没有非要小男生回国，更多的是只想看看对方的态度，没想到小男生不仅没听话，还第一次反抗了。

他的这种态度让简里内心的不甘、掌控欲全面爆发。她说什么也不干，非要小男生跟他回国不可。

两个人之间爆发了第一次的冷战，但冷战也没有持续几天，小男生又习惯性地回来讨好，除了没答应回国，其他时候都是卑躬屈膝。

简里和他吵了一个月，发觉自己是真的没办法把小男生带走了，于是愤然和小男生分手，断然一个人回国。

很多年后，说起这一段感情，简里内心是有遗憾的。她心里很清楚，当时自己要小男生回国是何等霸道和不讲道理，而且小男生的学业也只剩了不到一年。当时只要自己接受异国恋，或者干脆在英国多待一年，可能就过了这一关，而两个人也不至于分手。

可简里的情绪像是烈火一样包围着她，让她没办法低头，也没办法坚持，最后所谓的断然分手，其实不过是无法面对一个始终讨好自己的人，居然对自己说不。

简里当时的想法就是："宁为玉碎，不为瓦全。你既然不听我的，我就走。"

但回国后，她确实是后悔了，她后悔的点并不是不该逼对方，而是觉得自己不该这么轻易放弃，如果当时她再坚持一下，说不定这段感情就能修成正果。

虽有遗憾，但简里没有伤心多久，甚至她还是憋着一口气，想要找下一个。很快，她就找到了。

回国后，简里找到了非常好的工作，随后又开始了自律而健康的生活。她办了一张健身卡，然后在健身房里认识了游泳教练小康。

小康是个才进入社会没多久的小男生，比简里小五岁。简里一眼就看上了小康，并非常直接地报了小康的课。

简里会游泳，还参加过大学的游泳队，可为了撩男人，她已经学会装鹌鹑了。

不到三十岁，有着青春的肉体，又有强大的精神，还有成熟的阅历，这样的简里简直太容易搞定小弟弟了。

不过是上了他四五次课，小康就被她迷得神魂颠倒，当天就约会吃饭，然后拉简里回家。两人顺理成章地走到了一起。

简里刚和小康在一起的时候，当了几天的淑女。简里本来就娇小，看着也柔弱，而小康一米八五的大个头儿，身材健硕。两个人走出去，经常被人称为“最萌身高差”，羡煞旁人。

当然，这段关系的转折点很快就来了。

小康租的房子到期，他四处寻找便宜划算的合租房。简里琢磨了一下，觉得这是个挺好的机会，于是邀请小康来和自己合租，自己当二房东，小康只需要承担一半房租就可以了。

小康当然愿意，本来他就经常去简里家，现在能和女朋友同居，又只需要出一半的房租，从此过上甜蜜的二人世界，简直不要太开心。

但其实，简里有很多的小心思。这套 LOFT（楼高较高，分上下楼开放区域的户型）的单身公寓，其实是简里自己买的。公司招募她时，就答应给了她一笔无息贷款，简里用这笔钱买了这套公寓，所以，根本没有租金这回事，她自己就是房东。

但为什么要收小康一半的房租呢？因为简里考虑得很长远，她觉得如果两个人要长长久久地在一起，那就必须都要付出努力。自己有房，然后让男朋友免费住，那不就是养懒汉吗？对小康没有什么好处，所以还不如收他房租，让他努力工作，然后收的这个钱，还可以作为两个人未来的生活储备金。

于是简里假装是合租，但实际上却成了小康的房东。而另一方面，她也开始了对小康的全面改造。

改造

改造，或者叫改变，这是女生们在中国式的婚姻或者情感里经常说到的词。

我们说爱情是两个个体之间相互吸引，两情相悦产生的情愫。那么你是因为喜欢这个人，才会和他在一起。但如果在一起之后，又发现了很多不喜欢的地方，该怎么办呢？

如果以科学的方法来看，就是观察不喜欢的“量级”，如果不喜欢的部分占比太大，以致改变了整体的性质，这个人整体都变得没那么令人喜欢了，就可以分手了。

但我们的情感关系里，却经常洋溢着一种“从一而终”的思维。这种思维，是从传统的“婚本位”和“宗族本位”里传承下来的。

所以很多女孩抱定的观点，就是如果我喜欢一个人，或者曾经喜欢过一个人，那我就不能离开他，或者说，不到万不得已就不能离开他。

这里带来了一个“忍耐”的文化传承，所谓相忍成金，所谓媳妇熬成婆，都是在劝女性在情感里要多多“忍耐”。

但随着女性主义的觉醒，在情感和婚姻里的忍耐逐渐不被女孩们接受，相当一部分人，开始抗拒忍耐。

抗拒忍耐的同时，从一而终，不能轻易分手的思维却固化在大脑里，于是她们的选择就只剩下一个。

那就是改造。

要把对爱人不满意的那部分进行改造，让人进行改变。让对方彻头彻尾地变成另一个人，变成符合自己长期需求，满足自己情绪安全以及生活安全的那么一个人。

简里并不知道这些原理，但她在接受小康成为自己同居男友的同时，又对他产生了非常多的不满意的地方。她认为对方现在的状态，是不可能承担起两个人的未来责任的，所以要对他进行改造。

首先要改变的就是小康不够上进的问题。简里觉得一个游泳教练如果只会教游泳的话，是毫无前途的，至少也要涵盖健身、健美以及搏击格斗等一系列的技能才可以。于是她开始逼着小康考各种证。

这时候小康还没感觉出什么，反正他也是吃这碗饭的，让考就考呗。于是他报了很多的培训考试，培训当然要花钱，小康有时候钱不够，就会跟简里借。

头一回两回，简里趁势就要求小康把工资卡压在她那里。渴望管钱是掌控型情感模式的本能，她们几乎都认为，只有管钱才是管人的开始，不让她们管钱比什么都难受。

小康并不知道被简里管住了钱意味着什么，他还想着自己可以更轻松一点儿，不需要考虑太多。

一年下来，小康证书考了好几个，工资也涨了不少，但零花钱却始终只有两千块，不过他也觉得暂时够了。

一年后，简里对小康的未来发展有了新想法，她觉得小康唯一的出路，只有创业。

理由是，现在小康的工资，根本负担不起两个人将来的生活，更不要说生孩子了。小康觉得两个人的日子当然是算两个人的收入。

谁料到简里勃然大怒，甚至动手抽了小康胳膊好几下。简里觉得小康作为一个男人，居然不愿意独立承担家庭的责任，简直就不是个男人。

在女朋友的情绪暴力之下，小康很快就屈服了。他不情不愿地和几个私教一起，开了个小型的健身工作室。

小康虽然不会创业，但由于又高又帅，愿意跟着他练的学员还是不少。这个健身工作室，运转了大半年，其间经历股东退出等一系列事情，终于在年底开始了盈利。

事业上了正轨，小康就开始计划把简里带回家，让双方家长都参与结婚的事情。

谁料到有一次简里去给他送下午茶，回家后她就立刻命令小康关掉工作室，不允许再做健身教练了。

因为简里在工作室里，正撞到小康给一个穿得很少的漂亮女孩按摩，两个人一边按摩，一边有说有笑的。在简里看来，这根本就是暧昧。

小康和那个女孩到底有没有暧昧，这点暂时不好判断。但简里的判断，主要是凭借这几点。首先女孩穿得很少，其次两个人有肌肤之亲，最后在有肌肤之亲的同时，两个人居然还很开心。满足这三点，当然就是暧昧。

若以别的情境来看，这三点判断法确实也没毛病。

不过小康解释，健身私教在训练完之后，给学员按摩或者拉筋这是惯例。至于女生穿得少，那只是正常的健身服装。

小康还拿出了和这个学员之间的聊天记录给简里看，甚至愿意把学员转给别的教练，以证自己的清白。

但简里根本受不了，她觉得自己已经受到了背叛，小康就是渣男，根本不值得信任。

其实这个事情的症结，并不在按摩与否，而在于这个女学员长得年轻漂亮。

但问题是，明明是简里把小康逼成健身教练，逼成工作室老板，她也知道这个行业的情况，也知道小康会吸引年轻女学员。但简里并不会因此而放弃小康，会选择小康，她满心想的是要改造他，把他这个渣男变成一个不渣的男人。所以简里命令小康退出工作室，甚至不允许再做健身教练。

这让小康完全无法接受。虽然当初他并不想创业的，可现在付出这么多，终于开始赚钱了，怎么能放弃呢？何况他现在手上有不少的会员，都是已经交了钱的固定客户。

小康的拒绝，让简里陷入内心的癫狂。

掌控型情感模式的一个重要特点，是不能接受被拒绝。很

多事情，对他们来说，其实也不是必然必要的，如果假以时日，他们情绪平缓之后，可能自己也不想要了。

但如果自己被拒绝了，那么他们一定会内心癫狂，并产生剧烈的强迫情绪，不管这个事情怎么样，也非要做到不可。

内心癫狂，是个特别的状态。哪怕表面看起来很平静，可情绪在内心已经像烧开的水，根本无法控制，除非能完成自己的目标，否则是无法被安抚的。

简里和小康先大吵了几回，然后简里冲到工作室，帮小康和几个合伙人谈退股的事情。

小康在抗拒的时候，简里居然把他的那些装备全丢了。小康气到离家出走，简里找遍了他的朋友，硬生生把他找到后，要求他说清楚。

小康气急败坏地要分手，简里动手揍了他一顿，两个人不欢而散。

小康在朋友家住了一段时间，以为自己已经和简里分手了。但他不懂掌控型情感模式的人，在癫狂时期有多可怕。

半个月之后，简里又出现在了小康的面前，她看起来情绪变得很稳定，并且很温和。她说要和小康谈谈。

简里居然当着所有人的面向小康道歉，这种示弱的行为，以前从没有过。简里摆出来的低姿态，让小康内心感动，最后两人和好了。

但和好，并不代表事情解决。示弱，只是简里要达到自己的目标做出的姿态而已。

简里内心的癫狂缓缓平静下来，但她的焦虑已经抽象成了一个目标，这个目标就是不让小康继续当健身教练。

当掌控型情感模式的人把目标抽象确定下来后，是个很可怕的状态，说明他们已经可以在平静的情绪里，理性地来处理问题，并把这个目标执行到底。

如果你和掌控型情感模式的人在一起，当他们完全冷静下来之后，特别要注意，这可能是他们战斗力最强大的时候。

简里在之后的生活里，不断挑拨小康和合伙人的关系，悄悄地删掉了他和客户之间的联系方式，还一直灌输健身教练吃的是青春饭的观点，甚至还联合了小康的父母给他施压。

这一段时间，简里不觉得有什么，甚至小康都不知道发生了什么。

但在我们访谈的过程里，再度复盘的时候，我说这就是在摧毁一个人的人生。

我们每个人的人生都有好有坏，有起有落，这是正常的。但在一个人的人生里，什么最重要呢？

是选择权。

因为选择权是每个人天然的权利，这也是我们愿意自己承担人生结果的根本理由。我们每个人都有选择自己道路的权利，同时也必须承担最后的结果。无论这条道路走得怎么样，无论通向哪里，只要是自己选择的，那就是我们的人生。

但掌控型情感模式的人，总是习惯性地阻断自己所喜欢的人的人生道路。这种阻断原因有很多种，或者是为了对方好，

或者是为了自己的情绪，但不管怎么样，自己其实阻断的，都是对方的选择权。

而这种对于别人人生道路的阻断和改变，就是摧毁了别人自己选择的人生道路，也就是摧毁了另一个人的人生。

不管你的理由是什么，用尽一切办法去摧毁别人的人生，那就是一种残忍而自私的行为。

简里为了不让小康当健身教练，真的是坑蒙拐骗，用尽了全部的力气，最后终于得逞。

被废掉事业的小康陷入了迷茫期，不知道自己该干什么。

简里为了给小康家里一个交代，又想出一招，让小康考研。

这又是个小康不情愿，却又没有足够理由拒绝的事情。考研这种事情父母都喜欢，又貌似对一个人是好事情，然后小康又被光明正大地圈在家里，显得非常有安全感。

小康其实特别不想考研，但在简里建立的防御网里，他自己的意愿已经变得不重要了。

又是一年的时间，小康感觉自己就是一个人形傀儡，每天浑浑噩噩地做着自己不喜欢的事情，而简里每天都要给他洗脑，说这是为他好，是他最好的选择。

结局不用说，考研当然没考上。简里对小康的失败很愤怒，还想逼着他再考。这时候，小康却已经得了严重的抑郁症。

这个故事最后的结局很糟糕，小康在治疗过程中慢慢明白，自己的状况和简里的掌控是分不开的，于是他逃命似的逃回了老家。

这中间又有简里好几次赶往他老家“索命”，但小康最后还是在家人的照料下避开了简里，并用了很长时间才慢慢康复。

小康逃跑了，简里却崩溃了。她觉得自己付出了一切，每个选择和决定都是为了对方好，最后怎么会落到这种境地？

简里到底有没有问题？如果有问题，又是什么问题呢？

你内心的魔鬼是如何诞生的

要探讨掌控型情感模式是很困难的，真正的掌控型情感模式的人一般不愿意自我承认，但如果说起他们的母亲，则会容易接受得多。

事实上，我们回顾母亲对自己一生的干涉和掌控时，就会发觉，自己的人生中其实早早地被种下掌控型情感模式的种子。

而在各种情感经历里，这颗种子会发芽和生长，慢慢地让我们也变成掌控型情感模式。

任何情感模式的形成，都源自原生家庭在你内心种下的那颗种子。但有的种子会成长，有的种子却不会发芽，这是为什么呢?

在上文里我们已经探讨过这个问题。原生家庭种下的种子是否会成长，主要看你在未来的情感经历里，受到多少创伤。

我们在看剧或者看书时，经常会笑称某个角色“黑化”了。不幸的是，我们自己的人生里，也经常会遇到这种“黑化”的节点。

“黑化”的节点指的就是我们在各种人际关系和情感连接里所受到的创伤。

在相似的原生环境里成长的两个人，若其中一个在人际关系里获得支撑，在情感连接里一直被爱，那他可能会变成更温和的人。在情感模式上，也不会具有强烈的攻击性，在评判别人的意图和行为时，也更加善良。

而另一个人，若在人际关系里被不断欺骗，而情感连接里也一直被伤害，造成了巨大的创伤，那么他可能会变得更加激进。在情感模式上，会具有让人难以理解的强烈的攻击性，在评判别人的意图和行为时，会显得恶意满满，或者认为别人随时随地会攻击自己。

这就是我们在看到许多人生模型时，生出来的悲凉感。

当我们判断一个人的情感模式时，是在接受某一个结果。而这个结果，是由原生家庭的悲剧和各种情感创伤共同造成的。

每个人都有自己的故事和眼泪，才最终变成了现在的自己。

我们在研究某个情感模式时，是在走一整条时间线，整个时间线最终组成了一个人。这个人，就是你，就是我，就是我们人生里的主角。

所以当我们发觉自己是掌控型情感模式时，不要先否定或者抗拒。我们看到自己，然后了解形成现在的自己的原因。

几乎所有人，都是被迫成了那个自己不喜欢的样子。我们先了解和认同，然后再去改变。

掌控型情感模式，有哪些特点呢？

A. 在我眼里，你永远都不成熟

掌控型情感模式对爱人的不满，通常都是最先来自认为对方不成熟。

其中也有不够聪明、学历不够高、家庭助力不够大等因素，但总体上来说是一致的，就是认为爱人在生活里不够给力，没办法满足自己对将来生活的要求。

掌控型情感模式在恋爱或者婚姻过程中，会有逐渐对爱人增加要求的行为。

具体的表现是：

刚谈恋爱时，要求不算很高，或者可以容忍很多事情，但会陆续温和地提出改进需求。

如果顺利改进，则提出更多的要求；如果被拒绝，则以为了将来好为理由，进行控诉和管理。

值得注意的是，掌控型情感模式的人在恋爱初期是有较大迷惑性的。一般恋爱初期，都不会提出过分的要求。

但如果你以为他们能一直保持那就错了，随着时间的推移，要求只会越来越多。

掌控型情感模式的人会认为爱人的不成熟是不会随着对方做得多而改变的，因为这和对方是否成熟没有关系，只是他们自己的内心焦虑。

最后，掌控型情感模式的父母，也几乎有相同的心路历程，他们一辈子都认为子女不成熟，想要插手他们的人生。

B. 我想要改变你

大多数人如果认为另一个人身上有很多毛病，几乎无法忍受，最常见的做法是选择分手，但掌控型情感模式并不会随便分手，他们往往会选择去改变对方。

因为在他们的心目中，两个人已经在一起了，就不能随便分手。因为随便分手意味着品德问题，或者是承认了失败。

所以改变一个人，让一个人变成自己所需求的样子，成了他们唯一的选择。

他们在工作、生活习惯、性格、人际关系、学习方面会提出源源不断的需求，要求一个人有责任感、有道德、有担当、有上进心、有审美、有学习能力、有拼搏精神。

但凡美好的品质，都希望对方拥有，全然不顾每个人都不是完美的，必然会有优点和缺点。可掌控型情感模式基本只会盯住对方的缺点，却认为对方的优点是应该的。

这个“想要改变你”的历程，会非常具有压迫感。

掌控型情感模式的人有个特点，譬如他提出了你有五个缺点，你改掉了其中一个，他不会高兴，反而会愤怒，因为你还有大部分的缺点没有改。

如果你改掉了其中三个，他们依然不会高兴，因为他们迫切地想要看到另外两个改造的完成，随着最终目标越来越接近，他们的强迫情绪会更强烈。

而就算你终于把五个缺点都改了，他们只会松一口气，然而开始对你进行下一阶段的改造。

所以，为什么很多人在具有掌控型情感模式的人的眼里，是个永远都改不好的家伙，就是因为改良是永无止境的。

C. 攻击性管理

在与人的相处过程中，掌控型情感模式的人一定会觉得自己很累。因为他觉得自己一直在付出巨大的努力，把你改得更好，可你还不领情。

其实我们每个人在生活里如果能遇上教师型的朋友，是个很幸运的事情。这意味着我们能学到很多东西，并会有一些积极的改变。

但掌控型情感模式的人并不是教师型的朋友。虽然都会让你有改变，但最大的区别是：**攻击性管理**。

教师型的朋友往往会观察你，然后善意地提出一些意见。至于你听不听、改不改，那是你自己的选择，他们并不会因此而抓狂，更不要说对你进行管理。

但掌控型情感模式的人恰好相反，如果他们认为你身上有缺点，他们会采取强迫性质的行为，要你改变。

并且在整个过程里，对你进行全方位的掌控，其中很多行为都是带有攻击性的。

譬如要你开放手机，要你删除异性，要直接去和你的老板、同事交流，要你全程直播自己的行为，不允许你拥有隐私，等等。

在这个管理的过程里，他们以为自己占据了道德制高点，所以完全不顾及人际边界，压迫式地让你屈服。

我们一般都会认为，攻击性管理是一种恶意的管理。因为这种管理模式根本不在意你是否情愿、是否舒服，只顾着达到自己的某种目的。

所以攻击性管理并不是真的在解决问题，而是具有掌控型情感模式的人舒缓自己内心的焦虑和不安。

在掌控型情感模式的人的眼里，他们提出的意见，是必须执行的命令。

D. 内心癫狂（情绪失控的焦虑）

掌控型情感模式的人为什么总是会去对别人进行攻击性管理，总是希望别人改变呢？

因为他们可以掌控自己的爱人，但却掌控不了自己狂风暴雨的心。

掌控型情感模式的人往往会有极端的“安全感”缺失症。哪怕在别人看起来，他有钱、有事业、有人喜欢，但他还是没有安全感。

极端的“安全感”缺失症，我们认为，依然是内心焦虑的一种。而这种焦虑，往往是对过去创伤的一种回应。

也就是说，像简里这样的姑娘，因为从小到大所经历的情感创伤，让她在任何情境下，都会不由自主地做出应激式的情绪反应。如果不严格地来说，这也是一种“PTSD”（创伤后压力心理障碍症）。

打个比方，曾有人身无分文没有饭吃，饿了三天三夜，这对他造成很大的创伤。后来他有了十块钱，但还是焦虑自己明天会没饭吃，所以拼命地努力工作。等到他有了一万块钱，别人觉得他已经不需要焦虑生存问题了，但他还是牢牢地记得自己曾经饿过肚子，所以依然焦灼地生活。

甚至有了一百万的存款后，他还是会不断地跟别人说自己随时随地会饿死，必须一刻不停地赚钱。

这就是极端的“安全感”缺失症。

因为掌控型情感模式的人总是有严重的焦虑情绪，所以他们希望自己的另一半带给自己安全感，他们会提出各种各样的要求，希望对方进行改变，以此来巩固这种安全感。

在这个过程中，他们把目标进行了分层疏离和量化，最后以强大的执行能力，指挥他人一步步地执行。

一些在事业上比较厉害的掌控型情感模式的人，常常把管理员工的方法带回家中，也因此在情感关系中，给他人带来了非常大的痛苦。

E. 执着于干涉别人的选择权

我们在讲述案例的时候，往往会讲一些比较严重的故事。而生活里更多的案例，是很多人兼有掌控型情感模式，或者处于掌控型情感模式的初级阶段。

所以，你可能还不会像简里那么深度地去干涉别人的选择，但在这本书里，必须要非常慎重地告诫大家，掌控型情感模式发展到最严重时，会有什么后果。

那就是：摧毁别人的人生。

可能许多人觉得自己不至于做这种事情，但实际上，掌控型情感模式的人在摧毁别人的人生时，都欣欣然地以为，自己是带着别人在攀爬人生巅峰。

什么是人生？人生不是一个按理想的图景刻出来的模板，不是只有一个最巅峰的选择，不是只有功利主义的好和更好。

真正的人生是在自我愉悦中进行独立地选择，从而走出来的道路。

而这里最重要的就是每个人应该有自己独立的选择权，别人只有建议权，而不能动用任何方法，去强迫他人进行选择。

但掌控型情感模式的人到了后期，往往拥有强大的执行力。他们可以通过种种方法来让对方妥协，譬如冷暴力、语言暴力、洗脑式说服、PUA（全称“Pick-up Artist”，原意是指“搭讪艺术家”，后来泛指对异性诱骗洗脑）精神控制、家人围攻、道德绑架等。

而造成的结果其实都一样，就是让自己满意，干涉了对方的选择权。

如果我们事先知道，这个行为，实质上摧毁了别人本来可以自由选择的人生。

那你还会去做吗？

F. 愚蠢的掌控行为

最后讲一个在很多传统家庭里可能会出现的，一种最糟糕的掌控型情感模式的生活方式，我们称之为愚蠢的掌控行为。

之前讲的掌控型情感模式的人给大家的印象可能是在外是事业强人，在家是顶梁柱。这种形象纵然是不少，但掌控型情感模式还有一种，那就是“家庭炸弹”的类型，一般多见于家庭主妇或者以家庭为主的男性之中。

他们并没有很强的能力，甚至有些人也没有见过多少世面。他们并不是非常聪明的人，可能认知边界也很狭窄，但他们却在家庭里掌握了很大的权力，可以左右家庭成员的选择。如果家庭成员不顺从，则会爆发出很大的情绪。

这类掌控行为，在外人看起来很愚蠢。因为他们常常为了一些流言和传闻，就开始肆无忌惮地做主，干涉家庭成员的行为。

当这类掌控型情感模式的人出现在一个家庭里，往往是家庭悲剧的开端。因为他们无法接受被拒绝，也无法被说服。任何拒绝都被当作争执来处理，而他们的抉择又是毫无依据可言的。

所以当你面对这样的家庭时，要在做选择时及时与其脱离，尽量不要让掌控型情感模式的人参与到决策过程中去。他们只要不知道、不参与，就不会有任何焦虑情绪弥散出来。

可很多人明知道自己家里有掌控型情感模式的人存在，却偏偏喜欢把事情拿回家去讨论，这相当于把选择权主动交出去，自讨苦吃。

在你自己无法争夺选择权时，要懂得在选择的关键时刻隐藏。生活的智慧，常常体现在这里。

Chapter 6

取悦型情感模式

因为在乎，所以在乎。

这是取悦型情感模式的人的典型心态，越是在乎的人，就越是关照对方的感受。许多时候，取悦型情感模式是可以有所预判的，这个类型的人所做的事情、表情、动作，还有说的话、谈论的话题都是对方希望听到的。

不懂拒绝的痛苦人生

这一章开始讲“取悦型情感模式”。

生活中很多人都是“取悦型情感模式”，而这种情感模式在四种情感模式里，反而是痛苦感最少的。

许多具有这种情感模式的人，因为情商比较高，人际关系比较好，也愿意表达自己的感受，愿意为别人付出，所以往往能拥有正常甚至比较好的生活，也可以获得不错的爱情和婚姻。

所以相比较起来，取悦型情感模式的人似乎是生活的赢家。

但获得生活的回馈和内心幸福安宁是两回事。我们在研究中，接收到了大量取悦型情感模式的案例，虽然其中大部分人生活过得不错，但他们普遍感觉自己幸福感并不高，认为自己主要有以下几方面的痛苦。

※ 取悦症

※ 不懂拒绝

※ 情绪积累

※ 高度敏感

为了说明取悦型情感模式的具体特征，我们选取了一个比较特殊的案例。她的生活可能不是所有人都能理解的，但整体情感模式的形成过程以及最终的结果，都是取悦型情感模式推演至极致的表现，具有鲜明的典型性。

罗艺（化名）找到我们的时候，已经得了比较严重的抑郁症，甚至多次去住院。我们在和医生共同研究时，发现她并没有经历什么严重的创伤性事件。而事实上，在被确诊为重度抑郁之前，她还在正常地上班、恋爱，并且她还是家人的开心果和亲友们解决问题的智囊。

所以在很长一段时间里，父母、亲朋都无法接受罗艺得了抑郁症，他们觉得这个世界上谁的心理出了问题，罗艺的心理也不会出问题。

但其实罗艺的内心非常痛苦，就算人人都觉得她开朗乐观，但十几年来，她内心的痛苦从来没有停止过。

确实人人喜欢她，但这是她用不断牺牲自己的利益、为别人服务换来的。

家人、朋友有事确实都愿意找她，可她就算再不想理人的时候，也不知道该怎么拒绝人。到最后，便宜被人占尽，还被人埋怨。

她内心有过许多的委屈，可却不知道该跟谁说，只能一个人默默流眼泪，可人前还要装开心。

她活得非常累，因为她始终关注着别人的情绪，希望每个人都开心。到最后，别人的不开心都传递给了罗艺，而她的不开心只能自己受着。

罗艺的这些痛苦，是她身边那些亲人、朋友都很难理解的，因为他们从未感觉到罗艺有过任何心事。

今天就算把案例放在这里，许多人可能也很难理解取悦型情感模式的痛苦。

我们就从罗艺的原生家庭和成长经历开始，研究她到底是怎么养成这种情感模式的。

罗艺出生在农村，是家里的老大，她出生没多久，父母就外出打工，她便成了留守儿童，跟着姥爷、姥姥生活。

她童年的生活过得不好不坏，就是见父母的时间少了点儿。平日里，她有时住在姥姥家，有时住在姨妈家，在不同的亲戚家里轮换着住。

其实有很多像罗艺这样的孩子，从小都是吃百家饭长大。他们中的很多人看起来外向开朗，或者听话，也和人相处愉快，但实际上，他们和别的孩子的成长模式是不同的。

今天我们来分析一下，“吃百家饭”长大的孩子，他们的原生家庭是怎么样的。

我们现在经常忽略留守儿童，包括在老家吃百家饭长大的孩子的原生性格问题。

他们和正常核心家庭成长的孩子之间，有什么不同之处呢？

其实正常核心家庭成长的孩子，他们也并不是没有走亲戚的习惯，也会经常和别人社交，住在别人的家里。

但这类孩子，他们的内心是有依靠的，因为他们生活在自己父母身边，会很清晰地知道，大不了自己可以回家，可以让父母做饭吃，可以睡在自己的家里。

所以，他们处于一种有支撑的社会关系当中，即使面对亲戚朋友，也不会做出过度取悦的行为。

而吃百家饭长大的孩子，他们没有父母在身边，导致他们丧失了最大的依靠，而老人在一个家族里往往是共享的，也就是这群孩子在成长过程里，并没有自己独享的支撑。

他们在吃百家饭或者被人养大的过程里，始终处于一种没有后援支撑的社会关系中。

因为对生存的恐惧，他们慢慢学会了在各种关系中“看脸色”“看眼色”的能力，每当他们说了一些让别人开心的话，就会被不断奖励，于是又习得了“说好话”的能力。

这是我们最常见的“取悦型情感模式”的种子的形成原因。

在童年时，这种原生家庭的种子被种下后，并不会被重视，甚至很多人会觉得这样的孩子特别成熟，特别懂事。没有十几年的持续观察，大概很少有人会发觉，这种原生种子，最后会结出什么样的苦果。

罗艺在老家一直住到上初中，然后被父母接到了县城里上学。这时候，她又多了一个妹妹和一个弟弟。妹妹和弟弟都是父母在打工时期生的，从小生活在父母身边，和父母都很亲近。

罗艺刚到父母家的时候，觉得自己格格不入，她感觉父母和弟弟、妹妹才是一家人，而自己就像是个外人。

而另一方面，她又极度地渴望得到父母的爱，所以努力让自己表现得更好，表现得和弟弟、妹妹关系也好。

罗艺在新的学校里，没有一个朋友，但又必须努力学习，她想用更好的成绩来证明自己的价值，让同学、老师和父母喜欢她。

但有些学校学风并不会很好，成绩好、学习努力的外来插班生，反而会遭到一些孩子的嘲笑。

那段时间，罗艺过得很糟糕，她在学校里郁郁寡欢，每天回到家之后经常一个人躲起来哭，情绪压抑到了极点。

父母偶尔关注到罗艺的情绪，虽然也有安抚，但主要还是希望她能集中精力学习，为弟弟、妹妹做好榜样。

给弟弟、妹妹做榜样这个事情，成了罗艺的又一个精神支柱和目标。

于是她咬着牙在学校里支撑着，让自己成为一个品学兼优的好学生。

看到罗艺的成绩蒸蒸日上，父母觉得这应该是个省心和听话的孩子，于是经常在亲戚、朋友、邻居面前夸她。周围的人也总是把罗艺当成别人家的孩子，作为榜样来看待，教育自己家的孩子。

罗艺脸上洋溢着开心的笑容，可她内心真的快乐吗？

做榜样和品学兼优，其实已经是压在这个孩子身上的两座大山。她为了背负这两个金光闪闪的牌子，背负了非常大的身心压力。

而这时候，第三座大山又压了过来，就是父母一直在教育罗艺要“懂事”。

在多孩子的家庭里，要某一个孩子“懂事”，其本质是父母在掩饰自己的偏心。

若说得再严重一点儿，是中国宗族式家庭中历来为更受疼爱的子嗣牺牲其他子嗣的文化。

在罗艺过去的生活里，这种懂事表现在哪儿呢？

譬如有好吃的，必须弟弟、妹妹先吃，然后大人再吃，自己是最后一个吃的。

譬如有什么好玩的，要让弟弟、妹妹玩，甚至邻居小孩玩，自己是轮不上的。

譬如有什么好机会，还是要先让给别人，最后才能考虑自己。

说到底，就是有好东西先给别人，自己只能拥有最差的。若要付出的时候，自己必须第一个冲上去，来替别人分担。

只有这么做了，罗艺才会被父母以及其他人夸奖为“懂事”。

这种“懂事”文化，在很多自诩为家教好的家庭里盛行，父母会认为自己没有娇惯孩子。

如果是独生子女的家庭，这种懂事文化还不会导致太严重的心理问题。可如果在多子女家庭，父母又存在着双重标准的话，那么被牺牲的孩子的内心，会长期受到创伤。

因为我们以一个高道德标准，去要求一个尚且无法控制自己欲求的孩子，然而又对其他孩子报以低标准要求。

懂事的孩子，虽然表面并不会表现出什么，但内心是非常委屈的。而这种委屈又被高道德绑架压制住了，所以他们慢慢养成了压抑自己真实需求和真实情绪的习惯。

罗艺就在这三座大山的压力之下，努力学习，最后以优异的成绩考过了重点分数线。在填报志愿的时候，罗艺原本是想上北大，但父母却不同意，让她报考南方的某所学校。虽然也是名牌大学，但排名上却要差好几位。

父母的诉求很简单，他们希望罗艺能到这个南方大城市读书，然后站稳脚跟，以后为弟弟、妹妹迁入城市打开局面。

在父母看来，罗艺作为家里的大姐，为弟弟、妹妹牺牲一点儿是应该的，更何况只是换个学校而已。

罗艺的内心是一万个不愿意。因为在她最难的时候，是去读北大的梦想支撑她坚持学习下去的。可以说，她整个学业生涯都在为读北大这个梦想而奋斗。

但她在父母的要求下，基本没有明确地表示反对，就乖乖地填写了南方大城市的志愿。

考上大学之后，罗艺过得挺不错，毕竟学校也是一流的名校，所学专业也是自己喜欢的。在校园里，罗艺的性格让她如鱼得水。

罗艺从小养成的会看眼色、会说话的能力，被人们赞许为高情商。

老师喜欢她，室友喜欢她。于是她很快成为社团骨干，学生会干部。很多烦琐细碎的事情，都交到了她手上。

虽然很累，可完成了不少大型的活动，罗艺也非常有成就感。

大二的时候，罗艺谈了场恋爱，男朋友是学校里的风云人物。这场恋爱，完全是罗艺单方面追求的结果。

在一场球赛上，罗艺第一次见到了球场上的小帅。小帅是体育特长生，某系足球和篮球的双料队长。罗艺说那是一眼误终生，从此就为小帅神魂颠倒。

幸好罗艺不是那种只会暗恋的人，在感情上她还是挺主动的。

罗艺回来后就开始打听小帅的情况，到处找能认识对方的途径。不到一个礼拜，罗艺就顺利地和小帅认识了，但小帅作为一个在学校里拥有大量暗恋者的风云人物，对罗艺并没有太大兴趣。

罗艺却不气馁，她开始找机会和小帅相处，并想方设法地去认识小帅的兄弟，看到底哪里有突破口。

罗艺人缘很好。很快，小帅身边的兄弟，系里的同学，就遍布了罗艺的眼线。

小帅出现的场合，罗艺总是会被邀请出现，而且周围的人时不时给他们制造暧昧场景。

大学生的恋情还是比较单纯，小帅在周围人的撺掇下，终于有些松动，但也还没有完全接受罗艺。

后来罗艺发现小帅非常喜欢一款游戏，除了上课和训练，几乎所有时间沉迷在这款游戏里。于是，罗艺也悄悄地玩起了这个游戏，并且在游戏里建了个公会，把学校里玩这个游戏的人都一个个地拉了进来。

这种方法对于小帅这样的直男真是超级管用的，小帅很快就加入了自己学校的公会。作为游戏的高级玩家，他很快就进了公会管理层，结果发现罗艺居然是公会的负责人。

就这么一点点游戏里的光环，却迅速地打动了小帅。在某个半推半就的酒后，小帅对罗艺表白，两个人宣布在一起了。

谈恋爱之后，罗艺对小帅非常好，每天给他送早饭，无微不至地照顾他的生活。小帅对罗艺则是呼之即来，挥之即去，但罗艺还是甘之如饴。

别人谈恋爱，经常会约会，但罗艺没有。因为他们的约会就是在一起玩游戏，罗艺还把自己公会老大的头衔让给了小帅，但公会的管理却全部自己负责，只让对方享受耀眼的光芒。

玩游戏、谈恋爱、照顾男朋友，再加上学生会社团的事情，让罗艺忙得像是不停旋转的陀螺，好几次她都累病了，却还要硬撑着去给男朋友洗衣服。

恋爱谈了一年多，周围终于有人看不过眼，劝罗艺还是分手算了。原来小帅不仅平时压榨着罗艺，而且还和别的女生暧昧不清。

甚至有和小帅暧昧的女生，私底下还把罗艺喊成“保姆”。

罗艺了解实情后，伤心地去找小帅，要说个清楚，一边哭一边要和他分手。谁料到小帅完全无所谓地跟她分了手。

分手后一周，被痛苦逼得没办法的罗艺又跑去求小帅复合。可那时候，小帅已经和别的姑娘在一起了。

这段校园之恋，让罗艺本来就稀缺的自信，变得更加少了。

像罗艺这样的孩子，她从童年开始缺乏自信，而且她的自信不能通过非亲人的赞扬来补充，甚至很多荣誉，很多成绩，很多在别人眼里非常强大的能力，都只是她自信的“云烟基础”。

什么是“云烟基础”，就是看起来好像是可以支撑起你全部的自信，可在一次打击后就会烟消云散。

在学校里，罗艺原本还因为自己是学生会干部，帮老师做事以及有个风云人物的男朋友骄傲过，现在失恋了，她所有的自信都烟消云散，仿佛什么都是空的、虚的。

罗艺甚至在学校里都待不下去，只能回家休息一段时间。她满心以为会得到家人的照顾呵护，可父母根本就没有丝毫照顾她的心思，反而怒斥她不好好读书，只知道谈恋爱，将来如果没办法在城市扎根，就不能好好照顾弟弟、妹妹了。

罗艺本想在家人的支持下找回自信的，却只得到了失望。她只好郁郁地回到学校，埋头当起了鸵鸟。

罗艺大三一整年不闻窗外事，大四就扎进了社会上去实习。大学毕业后，她果然没让父母失望，在大城市找到了不错的工作。

但此刻父母提出了更高的要求，他们要罗艺用心赚钱，把每个月的工资都存下来，尽快在大城市里买房子，以便日后弟弟、妹妹去了有地方住。

这件事情，又像是一座山似的，压在了罗艺的心上。她比别的同龄人更拼命地工作，除了工作和加班，几乎没有别的娱乐活动，更没有谈恋爱。

虽然事业发展得很好，可罗艺却像是居住在孤独的城堡里，除了几个闺密，没有人会看到真正的她。

平日里，她唯一的情感连接，就是给父母家人打电话，可通话内容很少有温馨的时候，一般都是父母唠叨罗艺要努力再努力。

不过考上大城市名校的罗艺，此刻却成了家族的焦点，各种亲朋好友纷纷和罗艺联系起来。有什么事情，也经常要找罗艺帮忙，甚至家里孩子成绩不好，或者夫妻闹离婚都要罗艺来协调。

有时候罗艺也疲于奔命，可一旦拒绝亲戚，父母就会打电话来把她骂一顿，说亲戚们从小把她照顾大，现在不管人家就是不孝。

在大城市打拼的罗艺，有时候觉得自己就是一只深陷钢筋水泥城市的虫豸，到处都是冰冷的墙壁，必须小心翼翼才能生存下去。而与此同时，她发现自己竟是没有同盟的，所有的亲人都是她的压力，需要她背负着前行。

她就是一只背负着全家的压力，生活在陌生城市里的蚂蚁。

她以为自己只能这样下去，没有人会爱她，她要每天带着面具去对别人微笑。可就在那一年，她遇到了一个男生小程。他们是在工作中遇见的。

小程高高瘦瘦的，不算帅但很正经，比罗艺略大几岁。当罗艺以一贯的微笑面对他的时候，男生的拘谨让罗艺印象深刻。之后，他们开始在微信上有一搭没一搭地聊天。终于有一天，小程约她吃饭。两人第一次约会倒也很开心，但结束时，小程却突然提出，约会所有开支都要 AA 制。

这种要求让罗艺很诧异，她觉得可能是小程对自己不满意，于是把自己的那份钱掏了。

回去之后，罗艺就当自己进行了一次失败的相亲，她的生活也没什么改变。不过，一周后小程又约她吃饭。

这次罗艺是抱着好奇心去的，想看看这个男人究竟要干什么。不成想小程居然对她表白了。

罗艺有点蒙。但小程说，他每次想和别人 AA 制，都会被姑娘说抠门，但他真的就认为两个人如果只是恋爱的话，把钱算清楚是最好的，而罗艺是唯一一个什么都没说，直接愿意掏钱的姑娘，所以他觉得罗艺挺合适的，想要交往一下。

这个表白理由实在是够奇特的，如果是其他姑娘，肯定会要让他走开。可罗艺却又不知道该怎么拒绝了，她犹豫再三，竟然被迫答应可以试试。

纵观罗艺的人生，拒绝困难症一直伴随着她。无论是面对家人、亲戚，还是面对同学、老师，甚至是面对一个还不太熟悉的男人的表白，她都没办法拒绝。

拒绝困难症出现在取悦型情感模式里，几乎是必然的。这当然和原生家庭有关。

很多人从小被情感忽视，或者生活在一个自己不被关注的群体里，所以别人的认同感和评价，对他们来说至关重要。

成人之后，因为害怕别人的评价，害怕不被人认同，所以在面对请求时，总是倾向于接受，而很难有力量地说出拒绝。

这种拒绝困难症，往往会呈现在没办法看到别人失望，不能见别人的眼泪，不想被别人一再纠缠上。

拒绝困难症是取悦型情感模式的人的痛苦来源之一，他们因为拒绝困难，所以被迫改变自己的命运，被迫承受不必要的压力。

心理学家阿德勒认为，一切烦恼都来自人际关系，如果一个人要追求别人的认可，无法接受被别人讨厌，那就没有办法按照自由意志生活。

拒绝困难症患者，取悦型情感模式的人，就是这样一群被人际关系捆绑，而没有办法按照自由意志生活的人。

罗艺在和小程交往的过程中，她觉得小程其实是个不错的人，只是他的消费观实在是让人难以理解。

小程是所谓 AA 制的忠实追随者，他们出去约会，所有费用都要平摊，连看电影的电影票都是一人一张。去超市的时候，买东西都是一人一袋，各买各的。

过节的时候，罗艺希望对方能够送自己鲜花，却被拒绝了，理由是鲜花没有用。

小程的同事、朋友请他吃饭，他要回请的时候不舍得花钱，于是把人带回家，弄了一袋子的蔬菜给人做蔬菜火锅吃，还要罗艺一起吃，把本钱吃回来。

两个人出去旅行，小程记账记到几块钱都算得很清楚，绝不会让罗艺占一分钱的便宜。

后来罗艺算是看明白了，小程这哪儿是平等的 AA 制，根本就是抠。他甚至抠到在旅游区买瓶水都不舍得，让罗艺死活要忍着。

小程的理论是，人和人之间都是平等的，谈恋爱凭什么男人要给女人花钱，而且爱情要纯粹一点儿，纯洁一点儿，所以不能用金钱来表示爱。换句话说，如果要花钱买礼物，就不算纯洁的爱情。

罗艺本身也是个十分节俭的人，但她还是希望能够收到男朋友送的鲜花和礼物，还是希望对方能给自己一些浪漫的感觉。

但小程说得很明白，这都是不可能的，甚至结婚之后，他们也依然要保持这种 AA 制的生活。

罗艺的恋爱谈得很不舒服，可她只是希望男朋友可以有些改变，却没有想过分手。

因为对罗艺来说，一个人在城市里的生活实在是太孤独了，她没有人可以说心里话，没有人可以依靠，甚至没有人可以结伴。

所以当小程在身边时，罗艺珍惜到了极致，她努力让自己去取悦对方。为了能够让自己有一点点爱的滋养，她可以忍受所有的事情。

谈了一年多的恋爱后，罗艺把小程带回家见父母，而这次回家，成了压垮罗艺的最后一根稻草。

父母第一次见女儿的男朋友，自然是准备了好酒好菜来招待。在饭桌上，母亲看似无意地问了句将来结婚后，能不能让弟弟、妹妹住在他们家里。

小程连想都没想就断然拒绝了，他说如果考上城里的学校，可以住宿舍，毕业后可以租房子，完全没必要到姐姐家一起住。

罗艺母亲不甘心，又试探地问，将来如果弟弟、妹妹要买房子，作为姐夫是不是能支援一下首付款。

向小程要钱，那简直就是跟他要命。小程顿时就有点儿恼怒，说出了你们嫁女儿还是卖女儿的话。

这顿饭不欢而散，小程当晚就离开了罗艺家。

而罗家简直就炸开了锅，父母要罗艺立刻和小程分手，赌咒发誓绝对不会接受这样的女婿。

罗母甚至说，罗艺将来嫁人就必须找一个对娘家有帮助的人，否则自己这么辛苦送她去大城市上大学又是为了什么。

父母给罗艺限定了分手的时间，要她绝不能和这男人在一起。

回城后，罗艺也不知道该怎么和小程说。而小程则对罗家父母非常不满，认为他们都是吸血鬼，压榨自己的女儿，他鼓励罗艺离开家庭，自己独立生活。

罗艺左右为难，一面是母亲每天打电话问她有没有分手，一面又是男朋友让她偷户口本出来，去登记结婚。

这种焦灼的生活，影响了她的工作状态。在工作上连续犯了一系列错误后，公司就把她清退了。

罗艺抱着自己的东西回家，微信上满满都是男朋友在不断抱怨着她的父母，而母亲的电话一个接着一个地打过来。

她突然崩溃了，整个大脑像是经历了一场雪崩一样，轰然倒塌。

精神崩溃的罗艺后来被朋友送去了医院，在精神科住院一个半月，才勉强地控制住。她在心理医生的帮助下，试图梳理自己的家庭关系和情感关系，但每次一想到家里和男朋友，她都会情绪激动，几近崩溃。

就在这种情况下，父母依然不愿意来照顾她，而男朋友虽然在身边，但对她的家庭，没有丝毫原谅的可能性。

罗艺的案例，成为我们所经历过的一个悲剧性事件。同样我们也从她的身上看到，很多被我们认为高情商的人，其本质是用自己的痛苦来换取别人的认同感。

再重复一次：

很多高情商的人，其本质是用内心的痛苦来换取别人的认同感。

你用什么来换别人的开心

看完罗艺的案例，可能很多取悦型情感模式的人都会代入其中，并且自怨自艾。但我们必须知道，罗艺是许多取悦型案例中比较典型的一个。她的痛苦，是由很多偶然和必然组合而成的。

而生活里的取悦型情感模式，有轻重之分，其生活质量也有好坏之分。所以绝大部分人，并不会陷入崩溃的边缘，但依然会感受到许多的痛苦。

而人类的性格是繁复的，取悦型情感模式的人会承受许多不必要的压力，可同时也会享受到情感模式带给自己的好处，并且还有相当一部分人，会过度地使用取悦型的技能，而为自己攫取利益。

好坏善恶，有时候只是一念之间。我们现在来看看，取悦型情感模式的基本特点：

A. 在乎别人的感受，希望别人开心

取悦型情感模式的人尤其重视和自己有情感连接的人的感

受。换而言之，父母、兄妹、朋友、亲戚、爱人，这些人对他来说非常重要，特别是一对一交流的时候，他会时刻关照别人的感受，希望别人开心。

取悦型情感模式和我们日常说的社交取悦是有本质区别的。

在商业环境里，有些人是具有社交取悦能力的，也就是在任何场合都是开心果，会活跃气氛，让大家都兴奋起来，让不熟悉的人都熟悉起来。这一类人和取悦型情感模式虽然有重合，但其意图是不同的。

社交取悦，是人们希望通过这种方法获得利益、好处、重视，是偏功利化的，其基础来自理性的思考。

而取悦型情感模式，则是在具有情感连接的人当中取悦别人，如果和自己有关系的人不开心了，他们会不由自主地自责，甚至内疚。这并不是来自功利化的考虑，而是由衷的、原生的情绪。

譬如说，某个取悦型情感模式的人，在一个朋友聚会中，会表现得很活跃，会不断关注自己的朋友，怕冷落了其中任何一个人。而同一个人，在完全陌生的商业社交局上，却会显得很沉寂，不爱开口。这就是许多取悦型情感模式的人不热爱社交的原因。

因为在乎，所以在乎。

这是取悦型情感模式的人的典型心态，越是在乎的人，就越是关照对方的感受。

许多时候，取悦型情感模式是可以有所预判的，这个类型的人所做的事情、表情、动作，还有说的话、谈论的话题都是对方希望听到的。

值得注意的是，这里也涉及一个所谓“渣男”的问题。有些人是取悦型情感模式，当另一半提出要求的时候，经常会想也不想地就承诺下来，可他们并没有兑现承诺的能力。所以在许多时候，他们被认为是渣男。

但实质上，他们只是希望对方开心而已。这种取悦，会对自己和对别人，造成一定的伤害。

B. 高情商，同理心强

取悦型情感模式在别人眼里，是典型的高情商人群。

他们在人际交往中，往往显得谈笑风生，游刃有余，所以成为不少人羡慕的榜样。

我们经常会听到有人说，如果能像某人一样高情商就好了，仿佛只要自己情商高，就可以拥有全世界。

在功利化的社会里，我们认为高情商是一种强大的技能。只要拥有高情商，就可以办成很多事情，获得很多好处，并且被很多人喜欢。

但取悦型情感模式的人，虽然看似像高情商，其实并不是人们所理解的高情商。

因为取悦型情感模式的人拥有的高情商和同理心，并不是为了自己解决问题，也不是为了自己获取利益，他们所有的心神意志，都放在让别人（有情感连接的人）愉悦上。

这种高情商的特征是会察言观色。

譬如说，你带男朋友回家吃饭，你母亲和男朋友聊天的时候，突然皱了下眉头，你就会迅速记住，并且之后会小心翼翼地问母亲，看男朋友是哪句话说错了。如果母亲真的生气，你会想办法补救。

这就是取悦型情感模式的心理状态。你不是为了达到自己的某个目的，而是害怕某种让人不愉悦的状况发生。

取悦型情感模式的人的高情商和同理心，让他们习惯性地站在对方的角度来想问题。

譬如吃饭，不会想我爱吃什么，而是会想对方喜欢吃什么。在点菜和上菜的时候，会一直关注对方的神情，生怕自己点错菜。

这种状态会让和你相处的人很舒服，所以别人通常会夸你高情商。

但必须要再次说明，这和正常的高情商是不同的，这种所谓“高情商”的状态，会带给取悦型情感模式的人很大的痛苦。

因为他们的所谓“高情商”，其实一直都让自己处于“高敏感”的状态，一直在关注着别人，一直在共情，这会让他们的情绪一直被其他人的表情、语言掌握。而越是高敏感，就越不会漏掉任何负面细节，所以他们的情绪其实会经常性地处于心惊胆战的波动中。

社会上那些高情商的人，他们利用情商来获得利益。他们虽然也是情绪和感官处于高敏的状态，但因为最终有实际好处，所以他们的高压力状态会获得奖赏，在获得奖赏后，情绪也容易放松下来。

而取悦型情感模式的人则不同，他们的“高敏感”是没有任何实际奖赏的，他们的爱人、亲人不会给他们实际好处。而这种“高敏感”也没有松懈的时候，因为让他保持这种状态的，恰恰是他身边的人。

如果取悦型情感模式的人，没有办法解除自己的“高敏感”状态，那他的生活一定是紧绷的、高压的，他的情绪也一定时刻处于混乱和沸腾的状态。

C. 拒绝困难症

拒绝困难症，是取悦型情感模式的人能感知到的最大的问题，也是他们痛苦的最主要来源。

他们无法拒绝人，尤其是无法拒绝和自己有情感连接的人。

因为他们害怕自己处于一种被负面评判的境地，害怕自己让别人感受到伤害，所以往往会选择接受别人的请求。

在接受请求的过程中，如果对方还表示出怀疑，那么取悦型情感模式的人甚至还会强化这种接受，也就是我们平时所说的“承诺”。

譬如说，你希望男朋友可以在一年内买房，其实他根本不具备短期内买房的实力，但害怕你失望，他并没有拒绝这个完成不了的目标，然后告诉你，他努力在一年内买房。这时候你可能会有点儿不敢相信，质疑他是随便说说。你男朋友干脆发誓，说他一定在明年的元旦之前把房子买了。

这一整个过程，就是典型的取悦型情感模式的“承诺”模型。

他们非常清楚自己是做不到的，但在整个心理模型中，完全是顺理成章地答应下来，并且做了郑重承诺，甚至不惜赌咒发誓。

一年后，你会怒斥男朋友说话不算数，根本就是个渣男，但实际上你忽略了他根本不具备买房能力的这个事实，而事实是不会因为承诺而发生变化的。

在你的感知上，你是被人忽悠了。但在他的心理逻辑里，他是被迫忽悠你的。

这是在无能力时的承诺，也就是拒绝困难。那么在有能力的时候表现出的拒绝困难，造成的后果可能会更严重。

取悦型情感模式的人，较常见的是命运失控，也就是无法掌握自己的人生。

譬如我们曾经遇到的一个案例。一个二十八岁的姑娘，有自己的小生意，有自己的人际关系。遇见某位成功人士，陷入热恋。该成功人士希望姑娘可以放弃生意跟自己回老家，并承诺会养她。

姑娘心里一万个不愿意做全职太太，可拗不过男人的一次次要求，最终她成了对方的“笼中鸟”。五年后，男人嫌弃姑娘只会在家待着，一点儿都上不了台面，于是和她分手了。

那时候姑娘已经三十三岁，远嫁在一个自己不喜欢的城市里，没有事业，没有工作，也没有爱情。她感觉自己的人生已经彻底毁了。

她的人生当然没有彻底毁掉，但因为过度的取悦，最后依照别人的要求来改变自己的人生轨迹，以致人生失控了。

取悦型情感模式非常典型的状态是面对人际关系内的压力，没有办法做出自己的反作用力，最后只能陷入“人际关系灾难”。

比较常见的是，一些姑娘会在父母的压力之下屈服，会在男朋友或丈夫的洗脑下被迫答应。她们想要的人生，自己的命运，会被人际关系改得面目全非。

所以具有取悦型情感模式的人到中年后，会感觉自己的半生就是随波逐流，并不是自己想要的。

取悦太多，就会丧失自我。

付出太多，就会失去自由。

D. 容易成为情绪输出的承载者

取悦型情感模式的人在家庭和婚姻里，很容易成为情绪输出的承载者。

因为原生家庭，取悦型情感模式的人经常会爱上掌控型情感模式的人，并且很容易遭遇大量的情绪输出。

这里所说的情绪输出指的是对方单方面的指责、辱骂等负面情绪的输出。

在情感关系里，我们经常会看到，有些人因为原生家庭以及情感模式，无法控制自己的情绪，这时候就会经常性地对爱人进行情绪输出。

掌控型情感模式和自虐型情感模式的人都是情绪输出的主力，他们往往会忽略爱人的优点，而专门抓住对方做错的事情，进行无休止地情绪输出。

而取悦型情感模式的人往往是最佳的承载者。因为他们首先不会对抗，对抗会导致爱人不开心，这是他们不愿意做的。其次，他们同理心强，所以能很快发现对方生气的点是什么。然后取悦型情感模式善于承诺，所以很快就会让爱人的怒火变成成果。最后取悦型情感模式还善于连续性认错，也就是一次认错之后，还会经常主动提及，再次认错。

因为取悦型情感模式的这一系列特点，所以他们成为情绪输出的最佳承载者，但凡和他们吵架、语言暴力、语言审判的人都会觉得很有成就感。因为自己能赢，赢了还有好处，有了好处，对方还觉得是自己不对。

取悦型情感模式的人比较容易谈恋爱，被认为脾气好，也是因为这一点。

但值得注意的是，虽然取悦型情感模式的人甘愿成为情绪输出的承载者，其承载的限度也远高于其他的情感模式的人，但最终还是有限度的。

所以我们经常发现，取悦型情感模式的人在受到长期的情绪暴力之后，往往都会有难以宣泄的情绪堆积问题。

解除这种情绪堆积的方法，可能是出走，也就是突然消失离开，不给任何理由和借口；也可能是出轨，在别人身上获得情绪的宣泄和满足。

如果取悦型情感模式的人完全不能解除情绪堆积，那么罹患抑郁症的概率就很高了。

所以当你习惯于情绪暴力和情绪输出的时候，就要注意了，那个一直被你欺负的人，他虽然很能忍，但忍到一定时候，他的出路就是要么离开，要么出轨。

我们在讲情感关系的时候，经常说要给弹簧一个回弹的空间，千万不要压到底，就是这个道理。

E. 比较容易建立情感连接

取悦型情感模式的人，普遍自我认同度较低。而自我认同度较低的人，往往更容易建立情感连接。

同样处于“高敏感”状态的自虐型情感模式的人，因为自尊心较强，所以在建立情感连接的过程里，会不断地抵抗和防御，进行惨无人道地筛选，实际上他们并不容易建立情感连接。

而享受型情感模式的人，他们需要选择满足自己享受要求的人，所以也是精挑细选，不够格的绝对不会要。

掌控型情感模式的人会专门选择自己可以掌握、容易掌握的人，自然也不会随便乱选。

但取悦型情感模式的人不同，因为自我认同度低，因为对于评价关注的渴求，对于温暖和爱意的渴求，所以他们不擅长选择，更擅长随波逐流地被选择。

和别的情感模式不同，取悦型情感模式的人烦恼，往往不是没得选，而是不知道该怎么选。因为他们的特质，会经常被人喜欢。而被喜欢上之后，但凡对方强势一点儿的，他就不知道该怎么拒绝。

所以取悦型情感模式时常会劈腿，有时候他感觉自己是被迫劈腿的，因为太多人强迫喜欢他。

这里比较值得注意的是，在各种情感连接中，取悦型情感模式的人很容易陷入“人际关系灾难”。

所谓人际关系灾难的运转模型举例如下：

有两个男人同时追求你，一个是你喜欢的男人，一个是看起来比较渣的男人。在追求你的时候，比较渣的男人因为强势，所以多次约你出去，并且向你表白。你在无法拒绝的状态下，最后接受了，以致错过了你喜欢的男人。这是情感连接一。

有几个人想要成为你的朋友，朋友 A 是个很好的人，基本不麻烦你。朋友 B 是个特别喜欢麻烦你的人，经常要你做这个做那个。但 B 在不断麻烦你的过程里，反而和你产生更多的联系，最后大家公认，B 是你最好的朋友。这是情感连接二。

你有两个姑妈，大姑妈比较疼爱你，平时你给她钱，她也不要。小姑妈喜欢跟你借钱，隔一两个月就会来跟你借钱。当她欠你的钱多了，反而以你的长辈自居，甚至你谈恋爱的时候，选择工作的时候，她都会横加干涉。这是情感连接三。

以上列出来的情感连接，是不是很眼熟呢？是不是很像是你的生活呢？

没错，这就是“人际关系灾难”。

因为你是取悦型情感模式，所以和你发生连接最多的人，都是在压榨你、麻烦你的人。而那些真心对你好的人，因为对你没有需求，反而和你的情感连接更少。

久而久之，你的身边永远都围绕着想要利用你的人，而那些爱你的人，反而越来越远。

你陷在人际关系灾难里，会愈演愈烈。你不懂拒绝，不知道脱离，到最后，只会把自己完全吞没。

到现在，我们已经讲完了四种基础的情感模式，接下来，我们要进一步升级，讲讲情感模式的实际应用、匹配和矫正。

Chapter 7

情感模式可以改变吗

复杂的人类，就是同时存在多种“社会性格”和“情感模式”，如果我们不把自己最底层的情感模式，也就是“性格底色”找出来，就永远不会明白，自己为什么会在感情里做错那么多选择。

情感模式的变化和伪装

前面讲了四种基础情感模式，为什么说是基础情感模式呢？

因为人类是繁复的，人类的性格如繁花般灿烂，又如群星般复杂，虽然也有性格极端，只属于某种情感模式的人，但绝大多数人，都是多种基础情感模式的混合。

因为我们的原生性格的形成，有来自父母的影响，有习得性行为，有老师同学的影响，也有在成长过程中的创伤强化，还有道德感的约束以及社会准则的规范，等等。这让我们的性格变成了一种鸡尾酒式的混合品。

A. 核心情感模式

但绝大多数人，都有一种“性格底色”，这种性格底色是形成他性格的最基础的情感模式，是他在建立各种情感连接的过程里，被逼到死角时的最终选择。

有些人，平时宽容大度，遇到任何事情看起来都波澜不惊，可真的到了谈恋爱的关键时刻，却会变成另一种人。

这就是日常的掩盖伪装过盛，反而把自己的性格底色粉饰掉了。只有在真正做抉择的时候，本人的真实情感模式才会显现出来。

复杂的人类，就是同时存在多种“社会性格”和“情感模式”，如果我们不把自己最底层的情感模式，也就是“性格底色”找出来，就永远不会明白，自己为什么会在感情里做错那么多选择。

找到你的“核心情感模式”，是了解自己，并且搞明白什么样的生活会让你感觉幸福安稳的重点。

但找到自己的“核心情感模式”其实并不容易，哪怕我们完成了情感模式的测量表，也会发现，自己有好几个情感模式，甚至比重是均衡的。

所以这一章，为大家分析，究竟在我们的复杂性格里，有什么样的迷雾，会让我们看不清自己的性格底色。

是我们天生就会伪装吗？

是我们在人前总是喜欢戴着面具吗？

还是我们一直以来，都在自己骗自己呢？

来看看笼罩在我们身上的迷雾，到底是什么。

B. 掩盖——你看到的不是我的心，而是我的行为

小芳在单位里一直显得很强势，对同事，尤其是男性同事总是不假辞色，让人觉得她很凶。平时大家都怕她，也没人敢和她谈恋爱。

有次家里给她介绍了一个男生。才刚刚见面，她就给对方制定了五大原则，如婚前不能发生关系，多久要约会一次，什么节日要送什么礼物，等等。仿佛谁和她谈恋爱，谁就是欠她的。

这种情况下，男生都被吓跑了，就算偶尔有几个人，在和她约会一段时间后，都会觉得她的态度难以接受，一边想要甜甜的恋爱，一边又很凶地指责别人不够好。

有的男人说，小芳在爱情里就像是个法官，一直在审判着别人对她够不够好，够不够格当她男朋友。

小芳的情感模式是什么呢？看起来妥妥的掌控型情感模式对吧。在测量表的结果里，也是以掌控型情感模式为主，自虐型情感模式为辅助。

那我们能否就简单地认为，小芳就是个掌控型情感模式的人呢？

其实不然。小芳真正的核心情感模式，被表象情感模式掩盖了。

这里要用到一个“体用”的概念。在中国哲学里，“体”代表的是本原、本质，而“用”代表的是表现和表象。

小芳表现出了强烈的掌控型情感模式的特征，但我们可以再去判断一下，是什么让她表现出这种掌控性，或者说，她想用这种掌控的习性来做什么。

通过对小芳生活经历的调研，我们发现小芳从小生活在一个对她极为严苛的家庭里，无论小芳做什么，都得不到正面的评价，以致小芳失去了情感连接里的自信来源。

这让小芳养成了超强的自尊感，她在任何方面都全力地保护自己，给自己装了一个个坚硬的壳，让她看起来冷冰冰的，不好接近。

在求学过程中，小芳也曾暗恋过别人，但她的主动到最后都变成了嘲弄。所以小芳开始不再主动，甚至对于别人的主动会进行抵抗。

但随着年龄增长，小芳对于爱情又有了很强的渴望，于是她从偶像剧和各种短视频里找到了关于爱情的定义，开始模拟出自己认为最好的爱情规则是什么样的。

于是慢慢形成了我们现在看到的小芳，她是高冷的，是颐指气使的，是自尊心极强的，对向她表达好感的人是严苛的。

这里面的掌控型情感模式，只是她的“用”，也就是表象的情感模式。

而她的性格底色，其实是“自虐型情感模式”，她在害怕挫伤和情感渴求里相互纠结，在大脑的幻想里完成了一段段的情感连接故事，而对外表达出来的掌控，完全是一种自我防御。

这就是我们在情感模式研究中发现的“掩盖”的特质。

我们的核心情感模式，经常会被表象情感模式所掩盖，以致我们忽略了自己的核心情感模式。

如果小芳真的把自己的情感模式定义为掌控型，那她未来寻找到的人，往往会附着于她身上，不断吸收她的能量。

但小芳其实自己也缺少能量，自虐型情感模式需要有人不断地给她输入爱的能量和认同感，如果她未来的情感连接是个不懂输出认同感的人，那么小芳便会觉得自己被拖垮。

这就是为什么，很多看起来强势的人，在照顾和掌控爱人的过程中，会“累觉不爱”，因为这类人只是用掌控的表象来掩盖自己内心的虚弱而已。

当看清自己的性格底色是自虐型情感模式时，小芳才会知道，自己需要的爱是一种支撑性质的爱，她需要有人不断地认同她，给她鼓励，给她前进的动力。

所以，只有看清楚自己被掩盖的情感模式，最后你才会明白，自己应该匹配什么样的人，自己的恋爱模式应该怎样被矫正。

C. 伪装——追求取悦期的警示

情感模式也有伪装吗？不仅有，而且很多人都有。

我们在谈恋爱的时候，经常会说，他从前不是这样的，现在变了，是不是因为不爱我了。

当你有过这种想法时，其实真的要思考一下，你是不是被一个人伪装出来的假象欺骗了。

小莫找了个男朋友，这个男朋友各种甜言蜜语，接送她上下班，还一展厨艺，为小莫送了一个月的午饭。

小莫从小就被过度宠溺，跟男朋友说，自己是不可能做家务的，也不会照顾人。男朋友拍着胸脯说，自己就喜欢照顾人，而且家务做得很好。

小莫信以为真，和男朋友迅速结婚怀孕。婚后发现，自己老公每天回家就是抱着手机躺床上，基本上不愿意做饭，能连续几个月吃外卖。

小莫想和老公商量，能不能请个阿姨来做家务带小孩。可婆婆得知后却破口大骂，说小莫一个女人，居然敢不做家务、不带孩子，简直就是不守妇道。

小莫满肚子的委屈，她去找老公倾诉，希望老公可以帮自己多承担点儿家务。可谁料到老公却破罐子破摔，说自己是绝对不可能做饭扫地的，谁爱做谁做。

小莫觉得老公变化太大了，和婚前简直就是换了一个人。可现在婚也结了，孩子也有了，也不可能轻易离婚，又该怎么办呢?

这个“小莫”的故事，是我们日常所遇到最常见的案例，小莫觉得自己的生活全然崩塌，却又不知道该怎么办，只能归责于老公的“变化”。

但从另一边来看，她的老公从来不觉得自己有什么变化，她的婆婆只会指责媳妇不干家务。

为什么会这样呢？因为情感模式有一个“伪装”的属性。

我们人类是很善于伪装的，有些人是为了获取利益，有些人是不想被人看穿，有些人是想对自己进行包装。

而我们最常见的，是恋爱之初的“取悦期”伪装。

我们知道，男性和女性对于异性的追求动力是不同的，男性往往是性驱动，女性往往是感受驱动，所以男性的驱动力会更大一点儿。

为了获得异性的青睐，许多男性会进入 1 ～ 3 个月的“取悦期”。在这个取悦期内，男性往往会做平时不会做的事情，承诺根本做不到的事情，甚至爆发出很大的动力，来完成一系列不可能的任务。

取悦期是一个大脑疯狂期，它带来的一系列动作，只能存在那一个周期之内，而且是针对某个人终身不可再现的。

这给许多姑娘的判断就带来了相处标准的错位。

譬如在热恋期，小莫给老公做情感模式的测试，认为老公是取悦型情感模式，以为他和自己很合适，因为小莫是享受型情感模式。

但结婚之后，才发觉老公一直都在伪装，而撕去伪装后，他一直都是“享受型情感模式”，和小莫一点儿都不匹配。

这件事情，老公的父母知道，老公的朋友知道，只有小莫不知道。

所以我们反复强调，结婚前一定要经过三次选择：

第一次选择是吸引，只要双方相互吸引，并且产生情绪波动，就可以开始谈恋爱。

第二次选择是生活习惯和消费观，主要看我们在生活里是否契合。

第三次选择是观察对方家庭和家庭价值观，以防两个人乃至两个家庭之间有重大三观冲突。

时间可以帮你撕开一个人情感模式的伪装。

D. 转变——这个世界终于改变了我

小凉是个家庭条件优渥的富家女，但外形条件一般，从小就被人叫作胖妞，用了很多方法都没有办法减下来。在她交朋友的过程中，很多人嫌弃她的外表，这让她很难受。

在她的成长过程中，小凉发现，只要自己把好吃的零食带去学校，就会有同学愿意和她交朋友。于是她慢慢养成了习惯，习惯于用别人喜欢的东西来换取情感连接。

这就是一个习得性的取悦型情感模式，这种情感模式让小凉收获了友谊，也收获了爱情。她几乎是朋友圈里最受欢迎的人，因为出手大方，时不时送人礼物，让朋友们每次聚会都能有好吃的，人人都满意。

另一方面，总有人给她介绍各种好看的小哥哥。小凉谈过几段恋爱，每一段恋爱中，她都为男生花了很多钱，但最后发现这些男生都是劈腿乱搞的渣男，和她在一起都不过是为了享受而已。

最后的一段感情更夸张，那个男人就是个骗子，用做生意、买房子等种种借口，从小凉手里骗走了两百万元。

小凉经过此次恋爱，终于彻底破防了，她才感觉到自己一直以来做人的方法是有问题的，她不能再这么取悦他人，不能再对人这么放心，她必须学会保护自己，否则只会一次次的受伤。

小凉终于打开了自我防御系统，开始给自己叠加一层层的保护，拒绝情感连接，不断地要验证别人对自己的关系。

在几年的时间里，小凉逐渐转变成了自虐型情感模式。

小凉的这个情感模式的转变过程，就是我们经常可以看到的，因为创伤而导致的情感模式的转变。

我们把这个过程称之为转变也好，矫正也好，但它确确实实地让一个人的情感模式发生了变化。

E. 时间——洞察一切的预言家

在阅读了这一章后，很多人可能对原本笃定的某种情感模式，开始不再那么确信了。

既然混合型的情感模式有掩盖，人人都可能伪装，甚至我们遇到创伤还会转变，那到底怎么确定自己或者别人的核心情感模式呢？

我们在研究人的内心世界的时候，会发现一个规律，只要你放弃绝对性，就会轻而易举地找到打开别人心门的钥匙。

人是动态的，但也有相对的稳定期。所以我们不考虑人们动态的绝对性，也不考虑静态的绝对性，就会发现虽然每个人都在改变，每一秒钟都在改变，但总是大时间跨度地维系着一个稳定的情感模式状态。就算遇到巨大的创伤性事件，情感模式发生了改变，也需要几年时间才能改变完成，并正式稳定下来。

所以，观察并确定一个人的情感模式，除了做我们的情感模式测量表，还需要用到一个关键要素——时间。

我们经常犯的错误，是会把一个人某一个瞬间的表现，当成细节，然后自动脑补成这个细节可以代表他的全部，他在平时的表现皆是如此。

所以要提出一个概念：**不在时间流里被反复证明的细节，只是一时的伪装而已**。

正因为如此，我们要确定自己的核心情感模式，需要考虑自己在一两年之内的情感相处模式，从中获得有力的支撑。

而我们要确定别人的核心情感模式，必然需要通过相当长的时间跨度来反复验证。

这也就是我从来不赞成闪婚的原因，你被某个时间节点的某个人打动，但这个人可能只在那个时间节点是这个样子的。

甚至对方都不是刻意骗你的，但你就是被骗了。

为什么你喜欢的人不合适，合适的人你又不喜欢

把情感模式的测量表当成定位，把时间当成刻度，你可以很容易看懂自己，也能看懂别人。

在这一章，我们来解决一个问题：为什么你喜欢的人不合适，合适的人你又不喜欢？

相信很多姑娘都会遇到这个问题。许多人感怀，自己苦苦喜欢的那个人，用了很多的时间，最后发觉根本过不下去。而另一边，有些人明明大家都觉得他很适合自己，自己也同样认为合适，却还是怎么都喜欢不起来。

这是为什么呢？这和情感模式也是息息相关的。

我们之前说过，情感模式在一个人的长周期之内是动态稳定的。也就是说，原生家庭促使形成我们的情感模式，它虽然可以被掩盖和伪装，但核心情感模式却始终筑成了我们真实的原生性格。

这种真实性，在没有遇到重大创伤事件之前，是比较稳定的，

就算被一时伪装，还是会很快（几个月内）退回真实的状态。

所以，真实的核心情感模式之间的碰撞或者契合，是我们和某个人情感连接是否顺利的关键。

情感模式其实没有好坏之分，任何一种基础情感模式，都有自己的优势，也有自己的缺陷。

譬如取悦型情感模式，在很多人看来是特别好的情感模式，但只有拥有取悦型情感模式的人知道自己有多累。为了能让别人高兴，他们承担了太多的情绪压力。取悦型情感模式不持久，容易崩坏，甚至有比别的情感模式更高的出轨率，这都是缺陷。

再譬如掌控型情感模式的人，大家都觉得太过强势，难以相处，甚至不得自由，但掌控型情感模式的人是具有强大内驱力的。他可以主动推进一段关系，可以让一个家庭积极向前，可以让很多懒散的人被推动，创造出价值，这些都是优势。

优势和缺陷意味着什么？优势和缺陷意味着冲突和弥补。

例如我们玩过的七巧板，一块凹进去的和另外一块凸出来的，会正好拼凑在一起，这叫弥补。这块凸出来，那块凸出来，两边撞上了，这叫冲突。

你的情感模式就像是一块七巧板，如果你的缺陷恰好是别人的优势，这就被弥补了。如果你的缺陷恰好是别人的缺陷，这就产生了冲突。如果你的优势也是别人的优势，这就产生了过度。值得注意的是，过度也会产生一系列的问题。

两个人的情感连接，正是两种情感模式的相互叠加。这里无论是碰撞冲突还是弥补，这一系列双向运动，形成了情感模式的吸引和需求理论。

任何一个情感模式，都有自己吸引的情感模式，也有自己需求的情感模式。在绝大多数情况下，吸引和需求是不同的。

也就是说，你吸引来的和你会喜欢的会是一种情感模式的人，而这种人，却不是你真正需要的。

如果让我们的生活舒适幸福，这叫作匹配的话，那么我们喜欢的和能吸引的，往往是不能匹配的。而能匹配的，却经常不能吸引。

为什么会这样呢？因为人类最初感知的爱情，是通过神经递质的混合，让你产生一阵阵情绪的波动，而这种情绪的波动，往往来自冲突。

一个和你各方面都很契合的人，只会令你感觉到舒服，并不会让你产生太多的情绪波动。很多恋爱经验少的人，总认为只有情绪波动才是爱情，反而忽略了这种舒服的感觉。

而和你产生冲突的情感模式，却会让你产生各种情绪波动。感动的时候特别感动，愤怒的时候特别愤怒，吃醋的时候特别吃醋。这种强烈的甚至引发躯体化特征的情绪波动，让很多人觉得是遇到了一生挚爱。

打个比方，自虐型情感模式遇到自虐型情感模式的状态。

若若是一位自虐型情感模式的人，她遇见了男生小张。刚见面的时候，她对小张印象很好。小张平时不怎么说话，眼神忧郁，神秘感十足，而每次说话都很有道理，让人感觉才华横溢。

自虐型情感模式一般都不喜欢满嘴跑火车的年轻对象，更喜欢成熟稳重，不会信口开河的人。

而另一面，小张也觉得若若很好。因为若若一看就不是那种张扬虚荣的人，总是安安静静的，也不像是很容易被人搞定的类型。

小张也是个自虐型情感模式，他喜欢的姑娘，是要内敛的，不能太外向，要注重追求精神上的愉悦感的。

所以，若若和小张都觉得对方很合适，于是就决定在一起。谈恋爱没多久，若若和小张开始发觉，他们两个人各方面都很像。

譬如遇到什么事情不喜欢直接说，不开心的会憋在心里面，有了矛盾不会直接吵架，反而会互不搭理，也就是一起冷暴力。

时间长了，若若感觉很痛苦，因为两个不爱表达情绪的人在一起，有什么需要不沟通，有不开心也不沟通，只会生闷气。任何一个人内心的情绪都没办法宣泄，而两个人想要的爱的能量都没有人提供。

这就是两个情感模式相互吸引，却又不匹配。

这里又带来一个问题，为什么情感模式不匹配的两个人，反而会带来致命的吸引力呢？譬如若若和小张这两个自虐型情感模式的人，他们为什么不是从一开始就感受到不合适，而是被彼此吸引，并且过了很长一段时间，才感受到痛苦呢？

假如你是一个自虐型情感模式的姑娘，你遇到了一个沉默如金的、文艺迷人的、有节制、有能力、有底线、不随便说话、不轻易许诺的男人，你是不是会被深深吸引？

很多自虐型的姑娘，尤其在最初的几次恋爱中或者在年轻的时候，特别容易被这样的男人吸引。

再加上如果这个男生在追求的时候，进入了情感模式的伪装时期，就会更容易让人迷惑。

因为很多男人在追求异性的时候，会有 1 ～ 3 个月的临时取悦型情感模式。在这期间的追求，会呈现出非常明显的取悦型情感模式的特征，但这并不能反映他真实的情感模式。

但很多人不懂这一点，尤其是自虐型情感模式的人，会把热恋期男性的表现当成一个恒定的爱情标准，总觉得要达到这个标准的，才是真爱。

自虐型情感模式的若若，因为小张拥有自己喜欢的性格特质（自虐型的性格表达），而他又不断地做出取悦自己的行为，这就迅速地产生了一系列的情绪反应。这种让她开心、让她好奇、让她疑惑、让她感动的情绪反应，一般被认为是恋爱的反应，于是若若爱上了他。

若若爱上的其实是对方的伪装，也就是伪装成的取悦型情感模式的小张，但若若并未察觉。

直至 6 个月后，小张临时的取悦型情感模式结束了，一切伪装褪去。

若若突然发现，曾经的取悦行为没有了，而那些她自己曾认为是巨大优势的沉默、文艺、不随便说话、不轻易许诺，又瞬间变成了憋闷、不沟通等缺点。

这个时候才发现，悔之晚矣。为什么？因为两个人太像了。两个人遇到事情都不喜欢沟通，只愿意自我消耗。

更麻烦的还有什么？就算是若若和小张这样的情况，许多人还不愿意放弃，还想再试一试，再挣扎一下。

因为若若满脑子还想着，刚开始的时候小张对我有多好。

这种把取悦期的伪装当麻醉剂服用的情况很常见，所以又进入了不匹配情感模式的下一阶段：相互改造阶段。

在这个阶段，双方都认为对方是可以被改造的。

理由是因为曾经你不是这样的，你以前不是这么对我的。把对方曾经的伪装当作自己改造对方的依据。

相互改造是一个极端痛苦的阶段，因为它的目标是让一个人变成他当初伪装的那个状态。而伪装是什么？是为了达到某一种目的而修饰和修改自己的行为，所有的伪装都是有时限性的。

无论是若若的忍耐，还是小张的取悦，这些都偏离了他们的核心情感模式，所以这些都是伪装，都有一定的期限，并且没有办法被彻底改造。

情感模式的矫正：

这里会涉及一个情感模式矫正的概念。

经常有人会问，这个男人虽然是自虐型情感模式，难道我们不能让他变成取悦型情感模式吗？

不是不能，而是你不能。

我们在讲述四种基础情感模式的时候，反复提到过：情感模式的形成，是原生家庭在人们心里种下一颗种子，然后在后来一次次的情感连接中，这颗种子生根、发芽、长大。

也就是情感模式来自原生家庭，并且用了十几年乃至二十年的时间定型。

它怎么会是那么容易被改变的呢？一个才认识了一两年的异性，能够提供什么样的内驱力来改变它呢？

情感模式的矫正不是不会发生，它需要巨大的创伤性事件提供驱动力，并且用几年时间来适应定型才有可能。

譬如说若若和小张相爱相杀了五年时间，若若一直希望让小张改变，但小张一直改不了。结果若若在想要分手的那一天，突然出车祸辞世了。这时候小张受到了巨大的创伤，未来几年一直在反思，当初如果对若若好一点儿，可能车祸就不会发生。

于是小张慢慢变成了取悦型情感模式，并且找了个新女朋友，过上了幸福的日子。

而若若成为对方创伤性事件和矫正的关键，她却并不能亲身经历矫正后的生活。

所以，你可能被和自己相像的人吸引，但他们却并不一定适合你。

适合你的人，却不是你一眼就能看上的。因为需要时间，你才能确定，与这样的人生活在一起会有多舒服。

与此同时，又出现一个新的问题。

同样一种情感模式的人，为什么他们的选择会不一样呢？有些人还在爱恨情仇里打滚儿的时候，有些人已经选对了人。

难道这些人，不会因为吸引而选择不匹配的情感模式吗？

Chapter 8

找到你匹配的情感模式

匹配的情感模式是什么样的呢？可能很少会有令你狂喜的时刻，因为对你的情绪冲击始终不会太大，但它在很长的时间跨度内，可以给你一种幸福安宁的感受。

自虐型情感模式的匹配：请给我爱的能量

我们在研究“错配”问题的时候，发觉很多人依照自己的情绪，选择自己喜欢的类型。而这种选择，往往会选择不匹配的情感模式。

不匹配的情感模式在一起，并非不快乐，或许恰恰相反，你还会享受到极致的快乐。

之前有过一个受访者曾对我说：

不谈恋爱的时候，虽然不会有很大的快乐，但也不会有很大的痛苦，至少都是平平淡淡的。

而谈恋爱的时候，会有很短暂的巨大快乐，但也会有很久很久的痛苦，所以比较起来，还是不谈恋爱的好。

她这段话虽然有些道理，但并不是完全正确的，因为她所说的谈恋爱的感受，其实是在情感模式不匹配的状态下。

情感模式不匹配的恋情，你依然会感受到极度的正面情绪，譬如快乐、激动、感动、兴奋等。但与此同时，你会在更长的时间里感受到强烈的负面情绪，譬如生气、震怒、焦躁、憋屈、嫉妒、讨厌等。

正因为不匹配，所以你会有极度的情绪高潮。经历了极度的狂喜，让你感觉恋爱之后，便是长长的情绪碰撞，到最后，变成了一片余烬。

而匹配的情感模式是什么样的呢？可能很少会有令你狂喜的时刻，因为对你的情绪冲击始终不会太大，但它在很长的时间跨度内，可以给你一种幸福安宁的感受。

我们在关于幸福感的长期调研中发现，人们更愿意把幸福感认为是一种安全而平和的生活方式，并不是剧烈冲突的状态。

所以情感模式的匹配与否，就成为这样一个命题：你是否接受幸福是安全而平和的生活方式，你愿意接受的情感状态、爱情状态、婚姻状态，是不是这个样子的。

如果你愿意接受这样的一个命题，那么情感模式的匹配和不匹配就很容易被定义了。

让你拥有短暂快乐和长期痛苦的，就是不匹配。

能提供长期平和幸福生活能量的，可以让你安稳往前走的，就是匹配。

以上观点若获得认同，我们就可以展开以下的内容，我们将分别来讲述四种基础情感模式的匹配和不匹配类型。

A. 自虐型情感模式不匹配之一：自虐型情感模式

很多自虐型情感模式的人，在年轻时候，往往会爱上另一个自虐型情感模式的人。

两个人在相爱相杀的历程里对对方印象深刻，将对方引为一生挚爱，甚至会发出，原来爱就是找到另一个自我的感叹。

两个自虐型情感模式的人是怎么相爱的呢？

上文举过案例，自虐型情感模式的人在刚刚相遇的时候，会感受到对方的沉默寡言，感受到对方是轻易不许诺的人，感受到对方很节制，感受到对方有才华，但内敛。

这个时候，两个人就开始有了感觉。这种感觉会很奇妙，是一种不需要过多探索的熟悉感。

自虐型情感模式的人，很容易被陌生人的熟悉感所打动。因为对自虐型情感模式的人来说，和陌生人建立情感连接是一个恐慌的事情。如非必要，他们是不会主动和陌生人去建立情感连接的尝试的。

但如果一个陌生人，在行为模式和气质等各方面，都让人感受到熟悉感，那对于自虐型情感模式的人来说，就容易接受得多。

所以，为什么自虐型情感模式在年轻时候会很喜欢同类人，因为这对他们来说，是最没有风险的选择，也是最能拨动心弦的选择。

但我们要注意的是，两个人刚刚在一起的时候，是会刻意规避输出负面能量的。

哪怕是自虐型情感模式的人，在刚刚恋爱的时候也会有一些伪装，这种伪装主要集中在尽量不让对方感受到自己的负能量。

但自虐型情感模式最大的特点，就是拥有巨大的负能量，他们的情感像是一个黑洞，需要有更多的爱的能量注入，才可以获得内心的平和。

所以，在长期的相处过程中，两个自虐型情感模式的人，就会发觉很多问题。

他们会不高兴，但不一定会有剧烈的争吵，更多的是冷漠以对，相互憋屈。

他们不开心是不会说的，就等着对方来哄自己。结果呢，对方也在等着你去哄。两个人的内心永远住着一个需要被抚慰的小孩，等着对方来抚慰，他们却没有能力去抚慰对方。

所以两个自虐型情感模式的人相处，两个人都在做内耗，彼此之间的内心世界就像是两条平行线，永远都没有办法交织在一起。

自虐型情感模式其实很需要一个人来纠缠自己，配合自己，来接收自己内耗的负能量。

但如果自虐型情感模式的人找了另一个相同情感模式的人作为伴侣，那么这两条平行线就会各自永远痛苦，没法在心灵上形成交集。

所以，两个自虐型情感模式之间，可能是相爱容易相守难了。

B. 自虐型情感模式不匹配之二：掌控型情感模式

自虐型情感模式和掌控型情感模式在一起会怎么样呢?

从原理上来讲，这两种情感模式从一开始就会相互抵触，这是两个天然就不会协调的情感模式。

自虐型情感模式是很讨厌被人管制的。需要注意的是，自虐型情感模式并不讨厌被管理，因为他们会遐想被照顾的生活，希望找到一个可以依赖的人，所以当有人来管理他们的生活时，其实并不会有太多抵触。

自虐型情感模式讨厌的是被管制，也就是被拘束。如果一个人不仅仅照顾你，还要强迫你做一些事情，或者管束你，不准你做一些事情，对自虐型情感模式来说可能会忍一段时间，但并不会太久，他们很快就会做出反抗。这种反抗可能是用冷暴力来达到分手，或者干脆直接逃跑。

在一系列案例中，我们发现自虐型情感模式和掌控型情感模式的人在一起，最终自虐型逃跑的概率非常高，可以说，这是他们最常见的选择。

这也是很多掌控型情感模式的困扰之一，他们觉得自己对爱人很好，照顾得无微不至，虽然有管制，但那都是为对方好。

可不知道为什么，突然之间有一天，自己的爱人消失了，逃跑了，这让他们百思不得其解。其实就是具有自虐型情感模式的人一直不堪忍受管制，但又不愿意和你正面冲突，最后干脆一逃了之。

这里涉及一个问题，如果这两种情感模式这么不匹配的话，那为什么还能在一起谈恋爱呢？

因为掌控型情感模式在取悦期，特别容易伪装成喜欢照顾人、喜欢宠人的状态。一切都为对方考虑得面面俱到，并且显得特别有能力。

自虐型情感模式在前期又会显得很需要被照顾，两个人之间就这么相互吸引了。

如果没有强迫管理这个问题，其实掌控型情感模式和自虐型情感模式还是很适合的。可问题就在于，你把牢笼强加于一个内耗的人身上，会让他无法忍受。

之前的一个案例，女方是掌控型情感模式，男方是自虐型情感模式。前期女方显得特别主动和特别贤惠，于是两个人迅速恋爱结婚。然后女方开始管理，先把财权收拢，然后搞定了公婆，最后连男方的工作单位都搞定了。

在女方的层层牢笼之下，男方非常痛苦，但他并没有表达这种痛苦，也没有反抗，更没有去谈判。这让女方误以为自己持家有道，老公特别听话。

可谁料到，结婚三年的当口，男人突然离家出走，整整五年，都没有再回过家。

人生最大的悲剧就在于此，明明是几年的夫妻，最终却你不知我，我不知你。

C. 自虐型情感模式匹配类型之一：享受型情感模式

享受型情感模式和自虐型情感模式的人在一起的案例很常

见，但更常见的是享受型混合取悦型。纯粹的享受型情感模式，它属于自虐型情感模式的可匹配，但并非最佳匹配模式。

自虐型情感模式和享受型情感模式这两种人最匹配的地方在于，他们并没有很强烈的冲突。在情感交流上，享受型的人是愿意表达爱意的，甚至是强力地输出自己爱的能量，并且也愿意去哄人。

自虐型情感模式的人在情绪上的内耗，是可以被爱人填补，甚至治愈的，这等于解决了自虐型绝大多数的问题，让他们可以忍受很多的不满。

但这两个情感模式的人在一起，也并非完全没有问题。

最大的问题在于，享受型情感模式的人除了在情绪和语言上愿意付出，其他方面基本不愿意付出。无论是劳力、精力还是财力，他们都偏向于自私。

享受型情感模式的人的基本逻辑就是我要享受，我可以爱你，但你要让我享受。他有时候可能会稍微付出一点点，让你觉得温暖，但大多数的时候依然是我行我素的。

而自虐型情感模式的人，他们是愿意付出的，并且也喜欢看到爱人享受的状态，他们嘴上不说，心里却希望爱人能做得更多，主动地做更多。

可惜享受型情感模式的人是会让自虐型情感模式的人失望的。他们一般是你不说，我就不做；你说了，我也不怎么想做。

所以时间长了，自虐型情感模式的人依然会有痛苦，他会觉得自己的爱人一直都在索取，不愿意付出，没有承担，非常自私。

但就在这样的痛苦里，因为情绪上的空洞被满足了，所以他们往往还可以忍受很久，甚至一辈子。

从案例上来看，不少闹家庭矛盾的都是这两个情感模式的组合。

在《爱情保卫战》里有个案例，四十多岁的妻子来控诉自己丈夫过于懒惰，不上进，除了在家刷手机，什么都不干。

一问之下，他们结婚已经整整二十年了。这二十年里，妻子虽然一直对丈夫不满，可偏偏从没想过分手。因为他老公认错态度很好，也会哄她。作为太太，她只是怒其不争而已。

D. 自虐型情感模式匹配类型之二：取悦型情感模式

毫无疑问，对自虐型情感模式来说，取悦型情感模式是最匹配的。

值得注意的是，这里是有立场的匹配模式。

也就是说，对自虐型情感模式的人来说，取悦型情感模式的人是最佳的。但对于取悦型情感模式的人来说，自虐型情感模式的人并非最佳，仅仅是可以匹配。

我们要理解，在任何情感关系里，两个人同时幸福是很难的。一个人幸福，而另一个人比较幸福，这已经是很好的事情了。

自虐型情感模式的人与取悦型情感模式的人的高匹配度在

于，取悦型情感模式的人时刻能够关注到自虐型情感模式的人的内心状态，所有的喜怒哀乐和悲欢忧愁都可以接收到。

具有取悦型情感模式的人愿意照顾人，愿意不断地证明自己有多爱，愿意不断地付出，甚至在自虐型的人无理取闹的时候，也愿意陪着。

自虐型情感模式的人找到了取悦型情感模式的人，相当于找到了一个时时刻刻来取悦自己的、关心自己的、宠爱自己的、时刻体察自己情绪需求的人。所以自虐型情感模式的人会慢慢地过上平和安稳的生活。

当然，这种生活对取悦型情感模式的人本身来说，可能并不好过，这个我们之后再说。

掌控型情感模式的匹配：请被我管理

A. 掌控型情感模式不匹配之一：自虐型情感模式（同上文）

B. 掌控型情感模式不匹配之二：掌控型情感模式

在长期的案例研究中，我们发现大量的掌控型情感模式的女性（仅女性），没办法找到正确的人，是因为她们错误地希望寻找一个强大的，可以照顾自己的人。

有不少女强人，有些是四五十岁离婚的，还会跑来说，希望自己找个特别强大的男人，让自己可以依靠。

可问题是，这些女强人本身的性格就很硬，而且会不由自主地去管理别人，而强势的男人根本就不服管，到最后，大家只能吵崩了散场。

掌控型情感模式的女性为什么希望找一个强大的人，因为在她过去掌控的生活里，觉得自己很累，觉得控制管理着自己和别人的人生很辛苦，希望自己可以休息，也希望被照顾。

这种希望本来没错。可问题是，你如果控制不住自己的情感模式和行为模式，你会忍不住继续管理别人的。

你想要，但你做不到，那你何必自讨苦吃呢？

两个掌控型情感模式的人在一起不合适的原因很简单。

就是两个人都会想着去掌控对方的生活，掌控对方的人生。到最后，谁都没办法在对方强烈的掌控欲里生活下去。

男女都是强人的状况下，离婚概率会非常高，就是这个道理。

C. 掌控型情感模式匹配类型之一：享受型情感模式

掌控型情感模式的人的愉悦感来自掌控爱人，希望爱人在自己的控制和管理之下。掌握他的一切行为，想让他怎么样就怎么样，尤其是喜欢管理对方的人生。

享受型情感模式的人恰好是最希望被管理的那群人，他们的目标是无忧无虑地享受生活，甚至是自己越少做决定越好。有些人就希望找一个帮自己做决定的人。

所以掌控型情感模式和享受型情感模式的人可谓是一拍即合，尤其在情绪上面，基本上是完美契合。一个希望被人管理，而另一个人能从掌控中获得愉悦感。

但掌控型情感模式和享受型情感模式的人在一起后，在执行力上会产生问题。

掌控型情感模式的人去掌控一个人，是希望这个人发生变化，希望这个人的生活按照自己的想法运转。

虽然享受型情感模式的人也会听命行事，可他们的问题在于执行力太差了，过于注重享受而不愿意奋斗，所以会经常性地阳奉阴违。

我们之前遇到的案例，都是妻子在努力地望夫成龙，而丈夫则答应得很好，但一点儿行动都没有。双方争吵的模式也是一个人拼命指责，而另一个人躺平任嘲。

他们虽然看起来吵得很厉害，但最后却形成了一个稳定的婚姻结构。

D. 掌控型情感模式匹配类型之二：取悦型情感模式

掌控型情感模式和取悦型情感模式的人也是高度契合的。

取悦型情感模式的人就像血型里面的 O 型血，可以和任何人配型。

并非取悦型情感模式的人喜欢被人掌控，实际上，这种情感模式类型的人是不愿意被人掌控的。

但取悦型情感模式的人有个特点，就是随着别人的需求而改变自己。他们像是变色龙一样，你喜欢绿色的时候，他就是绿色；你喜欢红色的时候，他就是红色。

所以他们如果爱上了对方，可以为对方变成看似被掌控的样子。

而且掌控型情感模式的人有个特点，他们对生活的管理能力非常强，所以他们恰好可以克制取悦型情感模式容易放飞自己，出轨率偏高的问题。

享受型情感模式的匹配：你不闹腾，我就能好好过日子

A. 享受型情感模式不匹配类型：享受型情感模式

现在大家已经基本可以看出，同类型情感模式的人往往会相互吸引，但在实际生活里，却往往过不下去。

现在有一些理论，就希望能找到相同的另一半，总觉得相同的人才叫契合。

其实这是个误区，齿轮只有交错，才叫契合。如果是同样的齿轮，只会相互碰撞，根本没有办法契合。

恋爱也好，婚姻也好，家庭也好，两个人在一起是一个典型的团队。这个团队不能有两个拖后腿的，不能有两个领导，不能全是技术员，也不能全是销售。他们必须是各有所长，可以相互弥补。

所以两个完全相同情感模式的人在一起，相当于两个技能相同的人在一起。刚开始当然可以相谈甚欢，但时间长了呢，会发现根本无法形成团队。

你不愿意奋斗，我也不愿意奋斗；你不爱做家务，我也不爱做家务；你骄奢淫逸，我也骄奢淫逸。

他们的爱好兴趣确实相同点很多，譬如都喜欢去海边，都喜欢去旅行。

可两个人享受，总要有人付出。所以除非父母愿意被啃老，否则这两个人里，必然有一个人不能躺平。

可谁愿意呢？两个人都索取惯了，根本就没有想过为另一个人牺牲。

我们之前看到两个享受型情感模式的人在一起，结婚初期生活得很好，他们把父母买的房子卖了，然后周游世界，每天吃吃喝喝。

但过了几年，钱花完了，两个人就开始相互指责，都认为对方过于懒惰，不肯上进，搞垮了家庭。这就是一个典型的碰撞模式。

B. 享受型情感模式匹配类型之一：自虐型情感模式

在自虐型情感模式的匹配中写过了，不再赘述。

C. 享受型情感模式匹配类型之二：掌控型情感模式

在掌控型情感模式的匹配中写过了，不再赘述。

D. 享受型情感模式匹配类型之三：取悦型情感模式

享受型情感模式和取悦型情感模式的人毫无疑问是最合适

的，因为取悦型情感模式的人具有超强的适应能力，会不断为爱人做出改变。

享受型情感模式的人最希望的就是对方没要求，然后无限满足自己的要求，而这一点，取悦型情感模式的人完全可以做到。

但值得注意的是，取悦型情感模式的人并不是无限付出、毫无情绪的。他们在不断取悦、不断付出的过程中，依然是有一定情绪积累的。

取悦型情感模式的人如果能及时发现这些情绪积累，然后给予缓解，这段感情一定会非常和美。

但如果没有发现，那么取悦型情感模式的人有可能会去追寻更好的对象，也就是我们说的出轨和劈腿。

但另一方面，享受型情感模式的人对于出轨的包容度是很高的。

所以我们在各种案例中发现，这两种情感模式的人在一起，包容度极高，甚至对于对方的出轨行为都视而不见，两个人变成一种开放式的婚姻状态。

取悦型情感模式的匹配：疲惫地对你好

A. 取悦型情感模式不匹配类型：取悦型情感模式

取悦型情感模式与其他情感模式契合度是最高的，可以说和其他情感模式都契合，但只有一种不契合，那就是自己。

为什么两个取悦型情感模式的人反而不行呢？

因为两个取悦型情感模式的人，就像是两个善于察言观色的人在一起，他们会过得很累，因为时刻都在关注对方，为对方而改变自己。

可自己一旦改变，对方也会因为你而发生变化，所以他们会一直关注对方，一直在改变。

这就形成了“过度纠缠”。

两个人不断地思考着怎么满足对方的需求，怎么为对方而改变，所以两个人会变得疲惫不堪，然后做很多的无用功。

取悦型情感模式的人不太愿意把自己的真实需求说出来，以致两个取悦型情感模式的人在一起，会不断地做重复的事情，到最后还不会有任何结果。

B. 取悦型情感模式之匹配类型

取悦型情感模式的匹配有很多，上文已经大致阐述过了，这里主要讲一下匹配度的排名。

在我们对大量案例的调查和排序工作里，发觉取悦型情感模式虽然和大部分情感模式都匹配，但其实还是有匹配度的差异的。

这个差异，并不是双向的，而是取决于取悦型情感模式的立场。

最匹配的是享受型情感模式。因为他们会有及时的情绪反馈，管理欲比较少，又喜欢被人取悦，最后还能给你一种“我很享受”的愉悦感。

所以取悦型情感模式的人和这种类型的人在一起，最舒服，也最开心。

其次是掌控型情感模式。取悦型情感模式和掌控型情感模式本身也很契合，唯一有可能会产生不适的是掌控型情感模式的人的管理太多，这会让具有取悦型情感模式的人时刻想要放飞的心无法飞翔。

所以掌控型情感模式和取悦型情感模式的人在一起会很舒服，而取悦型情感模式的人会觉得大部分时间过得舒服，偶尔却会觉得被过分管束了。

至于自虐型情感模式，上文已经说过了，对自虐型情感模式来说，取悦型情感模式是最佳选择。但对取悦型情感模式来说，自虐型情感模式并不是最佳选择。

因为自虐型情感模式的人会像黑洞一样，一直吸取能量，而他又不太愿意给你情绪的反馈。

也就是说，不开心的时候他要你猜，开心的时候也不告诉你。

而对取悦型情感模式的人来说，让他付出其实没问题，但不给他反馈和评价，简直就要了他的命。

所以取悦型情感模式在面对自虐型情感模式的时候，就像是面对一个喜怒无常的上司，你冷暖自知。

Chapter 8

人生的 AB 面

人为什么会喜欢上一个明明不合适的人？因为这个人满足的是你的情绪需要，而不是满足你的真实需要。

在这里我们要提出最后一个问题。

那就是同样一个情感模式的人，为什么你就能选对人，而我就选不对人呢？

譬如同样是享受型情感模式的人，为什么我会去选享受型情感模式的人，而你就选择了一个取悦型情感模式的人呢？

为什么我明明知道一个取悦型情感模式的人适合我，但我偏偏喜欢不起来呢？

我们今天要讲一个全新的理论——人生的 AB 面理论。

什么叫人生的 AB 面理论？

人为什么会喜欢上一个明明不合适的人？因为这个人满足的是你的情绪需要，而不是满足你的真实需要。

满足情绪，需要的是什么呢？是你从开心里面找结果。满足真实需要，指的是什么呢？你从结果里面找开心。

你肚子不饿，但看到一个短视频里的东西很好吃，你觉得太美味了，一定要吃，所以你就买了。这是满足你的情绪需要。

而你饿了，然后从外卖列表里找到你平时最喜欢吃的东西，吃到嘴里很美味，这叫真实需要。

这就是因为快乐而选择，或者是因为选择而快乐的区别。

因为快乐而选择，在我们的生活里，这被称之为喜欢。而因为选择而快乐，这在生活里，被称之为需求。

如果一个人的情感模式是固定的话，那么你会发现他的情感需要是固定的。如果一个人是自虐型情感模式，他就需要有人哄他，需要有人宠他，需要有人能够了解他的心情变化，对吗？这个是固定的，它是不会变的。

但是什么是会变的呢？喜欢是可以改变的。

为什么喜欢是可以改变的呢？情绪是可以受到控制，并可以通过改变认知的方式来改变的。

大家会发现，随着年龄的增长，以前能让你开心的事情现在不能让你开心了，以前不能让你开心的事情现在可能让你开心。为什么？这是因为你的情绪需要发生了改变。

所以我们首先提出一个概念：需求是常量，喜欢是变量。

每一个人的生活需求，在一个大跨度时间内是常量，它是不变的。人们需要一种模式来对待自己，才能感觉到舒服，它也是常量。

但喜欢是变量。一个人到底会喜欢什么，什么会让他开心，什么让他觉得浪漫，这些都是变量，所以说喜欢是可变的。

当我们知道需求才是一辈子的话，或者需求才是长久的话，那么问题就来了。人人都知道需求是一辈子的，人人都知道自己需要的人是什么样的，那为什么人们又不去找满足需求的那个人，就是那个对的人呢？

太多太多人明知自己的需求是什么，但还是会去找自己喜欢的人。

或者有些人，年轻的时候会去寻找喜欢的人，年纪大了反而会去寻找真正的需求。

因为每个人都有人生的 A 面阶段和 B 面阶段，这就是人生的 AB 面。

人生的 A 面阶段和 B 面阶段分别是什么呢？

A 面阶段叫满足情绪阶段。

大部分人的人生里面都会有这样的一个阶段，叫满足情绪阶段。在这个人生阶段里，情绪满足对你来说是至关重要的。在你眼里，哪些东西很重要。譬如吸引很重要，激情很重要，感觉很重要，承诺很重要，心跳很重要，让自己的负面情绪得到安抚很重要。

比如某天，我接到一个电话，某女士说她的男人出轨了，而且是多年内连续性出轨。我们自然希望引导她去追寻自我，追求独立。所以开始问她，现阶段最想要的是什么。

谁料到，某女士说，她现在最想要的是这个男人给她一个拥抱。

你看这就是个典型的人生 A 面的阶段。如果按需求来说，她应该不喜欢男人出轨，或者干脆就不要这个男人，放弃这段婚姻，这才是满足需求的做法。

但她要的却是这个出轨丈夫的一个拥抱，因为她想要的，是满足自己当时的情绪。

因为她有负面情绪，她得到了这个拥抱，负面情绪也就被安抚了，她的情绪就缓和了。这是典型的人生的 A 面阶段，情绪满足对她来说更重要。

一个人处在人生 A 面的情绪满足阶段，为了满足自己的情绪，会做很多非理性的事情。

那么什么样的人会让人感觉到情绪满足，感觉到喜欢呢？

在人格投射当中，会去喜欢和自己同样类型或者矛盾的类型。

比如说自虐型情感模式的女性，她们会喜欢那种沉默寡言、神秘文艺、内心纠结的男人，或者喜欢那些男人味十足、掌控欲很强的男人。

她们总是喜欢这样的男人。为什么？因为她们会觉得情绪满足，情绪满足带来的吸引力让你觉得这样的男人很有魅力，魅力也是一种情绪满足。

觉得这样很有魅力，很喜欢他。但是等到恋爱过程中，你才发现原来这个男人也是自虐型情感模式或者掌控型情感模式，然后你们就开始吵架。吵架的时候你会发现，一开始你们是一见钟情，怎么在恋爱过程中就变得如此艰难了？

就像我曾接到一个电话，是我们的一个会员粉丝打过来的。

她说她跟一个男人一见钟情。这个男人是个艺术家，为她写诗，跟她诗词应答，跟她去看各种书，陪她到处旅游，让她觉得特别舒服，特别好。她就觉得自己是一见钟情，因为对方太有魅力了。

但在相处过程中，她发现这个男人出轨了，也不理她，连和她恋爱都不承认，也不给她关于未来的任何承诺。所以她就跑来跟我说，恋爱好难啊，我该怎么办？

其实，这并不是恋爱难，而是她一直处于自己人生的 A 面。

她所有的喜欢和浪漫，都是在满足她的情绪，所以选了一个跟她冲突的情感模式。最后发觉，自己需要的根本不是这个，但还是深陷其中，难以自拔。

那回到之前的问题，为什么有些人就不拧巴？有些人一开始就能选对？

因为有些人一开始选的就是满足自己需求的，因为他一直处于人生的 B 面阶段，**也就是需求满足阶段**。

在需求满足阶段，情绪满足已经不再重要了，需求满足才更重要。

有些姑娘，你会发现她很冷静、很理智，男人对她的关心，她是可以感知的。但她同时也知道，这种关心是不可能持久的。她会在乎和这个男人从生活方式、价值观，到物质条件等，是不是可以长时间地保持契合。

处于人生 B 面阶段的人，会赞扬一个人长得好看或者非常有魅力，但他并不会因为一个人好看或者有魅力，就和这个人在一起。

处于人生 B 面阶段的人，会更加实际地考察各个方面，尤其是情感模式的契合程度。

从一开始的舒服，到长时间的验证，再到生活里的确认。他会一层一层地考量，从不轻易地做决定。

人生的 B 面阶段当然也会有喜欢，没有喜欢就没有爱情，但他们不会被激情冲昏头脑。当激情来临的时候，他们反而会更加冷静。他们知道自己必须要等情绪消退之后，再做选择。

绝大多数人都会有 A 面和 B 面，但也不是全部。有些人一辈子都停留在人生 A 面，就算到了五六十岁，都是处在情绪满足之中。

所以，有些人不一定会因为年纪增长而主动切换人生阶段。但也有一些人，从小他就在 B 面，基本上就没有过 A 面，没有满足过他的情绪需要，更多的是满足实际需求。

一般来讲，处于人生 B 面阶段的恋爱会更容易一些，而人生 A 面阶段的恋爱更艰难一些。

短期来看，人生 A 面阶段的恋爱更幸福。短期短到什么程度呢？差不多几个月。几个月之内，人生 A 面阶段恋爱的幸福度要远远大于人生 B 面阶段的恋爱，他们仿佛整天都沉浸在各种幸福的感觉中。

B 面阶段的恋爱更难进入，需要磨合，但更长久。

附录 男性版情感模式测试题

男性版的情感测试共有五道题。

第一道题：被自己喜欢的姑娘拒绝了，你会怎么做？

A. 继续追求，不折不挠，一定要追到不可。

B. 隔一段时间再主动一下，看看她到底有没有什么变化。

C. 立刻离开，绝不骚扰。

D. 平时不烦她，但这个姑娘有什么召唤，就立刻出现，也就是当备胎。

第二道题：你和家人或者爱人一起住的时

候，会不会做家务？

A. 基本上是不做的，但是希望家里保持干净整齐。

B. 不怎么关注家务的状况，家里面就算有点儿小脏小乱也无所谓。

C. 自己可以做一点儿，但是有时候会抱怨几句，有时候希望两个人可以一起做。

D. 经常做家务。

第三道题：人生最重要的那些决定，由谁来做？

这个涉及面比较广，比如说大学毕业之后，找什么样的工作，要不要跳槽，女朋友是否要交往下去，要不要买房，或者要不要买车，买什么样的车，等等。重要决定事关你的人生大事，甚至有可能改变你的一生，这叫重要决定。那么，这些重要决定是由谁来做？

A. 成年之后，最重要的决定基本上是由自己来做。

B. 大部分的重要选择都是听父母的，甚至于听爱人的。

C. 听了父母或者爱人的建议之后，会犹豫纠结，会被他们的意见所动摇，要想很久。

D. 会考虑父母或者爱人的感受来做决定。

第四道题：爱人与你发生了争执，这个时候，你会怎么做？

A. 当面说，而且不断地说，说到对方听为止，或者是用尽方法来说服对方。

B. 可能就说几句，说几句如果对方不听就算了。

C. 不直接说，用讥讽或者说反话的方式表达自己的想法。

D. 尽量压制自己的情绪，听对方的。

第五道题：如果你要拒绝一个你不喜欢的姑娘，会用什么方式？

A. 直接说，速战速决。

B. 逃避，尽量不见面、不交流。

C. 害怕伤害对方，用暗示的方法。

D. 犹豫不决，开不了口，不知道该怎么办。

有人认为 B 和 D 很像，其实不然。B 是逃避、尽量不见面、不交流，逃避是一个动作，我既不跟你见面，也不让你联系到我。D 是我不知道该怎么办，你来找我，我也跟你说话，我也见你，但会犹豫不决。

男生版情感模式的测试和女生版的对照是相同的。

有三个或三个以上的 A，是掌控型情感模式。

有三个或三个以上的 B，是享受型情感模式。

有三个或三个以上的 C，是自虐型情感模式。

有三个或三个以上的 D，是取悦型情感模式。

后记

postscript

这本书收尾的那一天，陪伴我十三年的爱宠钱多多闭上了眼睛，回到汪星球去了。

十三年前，我写第一本书《潜伏在办公室》时，钱多多来到我身边，从此以后，再也没长时间地分离过。它安安静静地躺在我的腿上，陪我写下了九本书。

之后，陪我写书的或许还有其他宠物，但都不是钱多多了。

钱多多是一只棕色的贵宾犬，很常见。贵宾犬是极其聪明又黏人的，而且很没有安全感，遇见风吹草动就会大声吼叫。

幼年期的钱多多也是这样，闹腾、焦躁、不能离人。但成年之后，钱多多却慢慢地安静下来，在生活里并不会过度激动，也不会拆家闯祸。

这可能和教养的方式有关。

对钱多多的教养，我会给它宽泛的生存安全感，同时会有尺度的教育，让它经常明白有什么事情是不能做的。而更重要的是，我家的氛围一直很平静，大喜、大悲、大惊、大怒的情绪，不会在日常中被观察到。

宠物犬的观察模仿能力是很强的，在情绪波动比较大的家庭里成长，它也会变得焦躁而失去控制。但如果在平静的家庭里成长，会顺理成章地更温和安静一点儿。

宠物犬都会因为生活环境而塑造成不同的性格，更何况是人类呢？

所以原生家庭带来的一系列问题，近几年越来越被重视。我们通过对中国原生家庭的研究，可以找出各种长在我们身体里的东西。

无论是性格、情感模式、情绪，还是三观，这些东西，都是核心家庭赋予我们的，都是父母、亲人一点一滴影响我们的。

但对于原生家庭问题的讨论，我们却慢慢陷入了一种令人绝望的境地。很多人认为，自己人生里的一切毛病，都是原生家庭的错，或者更极端一点儿，都是父母的错。

很多人觉得，自己的痛苦，都是因为没有一个好的原生家庭。人生过得不好，是父母的错。恋爱谈不好，是父母的错。遇人不淑要离婚，还是父母的错。

这几天我在思考，如果钱多多并没有生活在我的身边，它会变成一条什么性格的狗呢？可能会暴躁，可能会不乖，可能会始终充满不安全感。但在不同的性格里，它依然会度过自己十几年的生活，并不会后悔来过。

它会不爱它的家人？它会讨厌和人相处吗？它会拒绝去接受这个世界吗？它会对人世间的一切充满仇恨吗？

我觉得不会的，无论钱多多在什么样的家庭里生活，它都会活成某种充满爱，并且充分信任自己家人的样子。因为这是刻在它灵魂里的东西，爱是一切的答案。

所以当人们越来越重视原生家庭问题的时候，我想告诉你们的是：

原生家庭塑造了我们，但并不会决定我们。

在这本书里，我一再表达这个观点。

原生家庭在我们的心里种下某颗种子，这颗种子在各种情感连接中成长，最后长成了属于每个人独特的情感模式。

爱的基因，自家庭而来。但最后会长成什么样，依然是由我们自己决定的。由我们经历过的温暖、感动、伤害，及一次次的促膝长谈、长夜的痛哭来决定。

我们每个人身上都有可爱之处，也有让人切齿的讨厌之处。脾气好的人，不一定过得好，而粗鲁暴躁的人，也能获得真爱。

我们如果放弃用脸谱化和极端化的习惯来看待人的本性，

就会发觉，其实在性格与性格之间，并不应该以好坏来区别，而是一段段因为不同连接而带来的不同反馈。有些会天然吸引，有些会天然排斥，有些吸引之后却相爱相杀，这和性格本身的好坏没有关系，只是不同的匹配和连接方式而已。

我们无法选择出生在什么样的家庭，一切都是命运。

但我们要组建怎样的核心家庭，不应该再交给命运。我们爱上什么样的人，和什么样的人生活，去教养什么样的孩子，这些事情，都不应该再交给命运。

正如前面我提到的，在我写完这本书的那天，陪伴我十三年的钱多多离开了。它在我的怀里，停止了心跳，安安静静的，毫无波澜地回汪星去了。

在和它相处的每一天里，我都能感受到它满满的爱，而这种爱，让它笑着过完了十三年。

我想它是不会后悔的，虽然它在这个世界上生活的时间，只是这短短十几年，但它已经做到了自己能做的全部，那就是去充分地热爱这个世界，去热爱那些爱它的人。

我的狗子都能做到的事情，为什么人类反而做不到呢？

爱你们，愿你们都好。

陆琪